자연이 알려 주는
고사성어

국립생태원

국립생태원은 사람과 자연이 함께 살아갈 수 있는 환경을 만들기 위해 연구, 교육, 전시를 담당하는 기관입니다.
국립생태원은 사람이 머무는 모든 곳이 자연을 배우는 교실이 되기를 바랍니다.
자연이 우리의 미래가 되기를 바라는 마음으로, 소중한 생태 정보와 이야기들을 다양한 책으로 만들고 있습니다.

소소한소통

세상의 모든 정보를 '쉽게' 만들어 가는 사회적기업.
정보에 소외된 사람들의 알 권리를 위해 다양한 콘텐츠를 만들고 있습니다.
일상의 소소한 순간까지 소통의 어려움이 없는 삶을 꿈꿉니다.

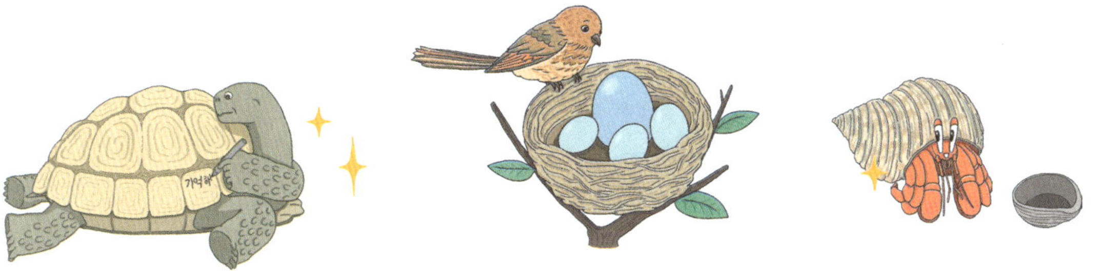

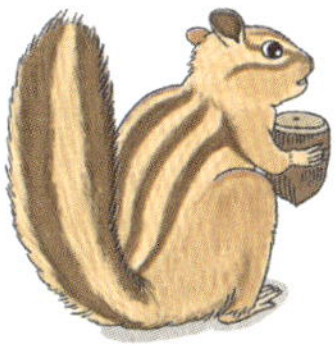

자연이 알려 주는

고사성어

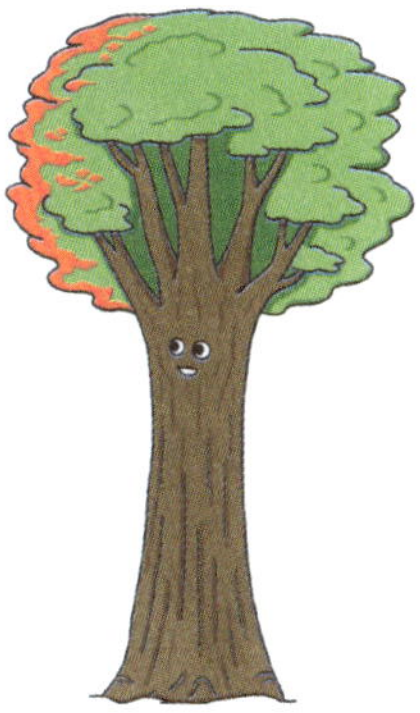

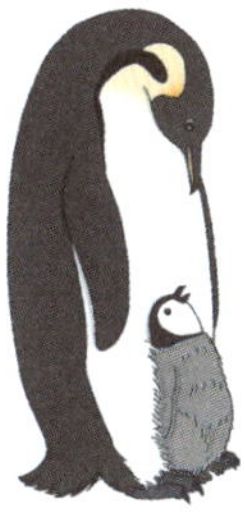

글·그림 **소소한소통**　엮음 **국립생태원**

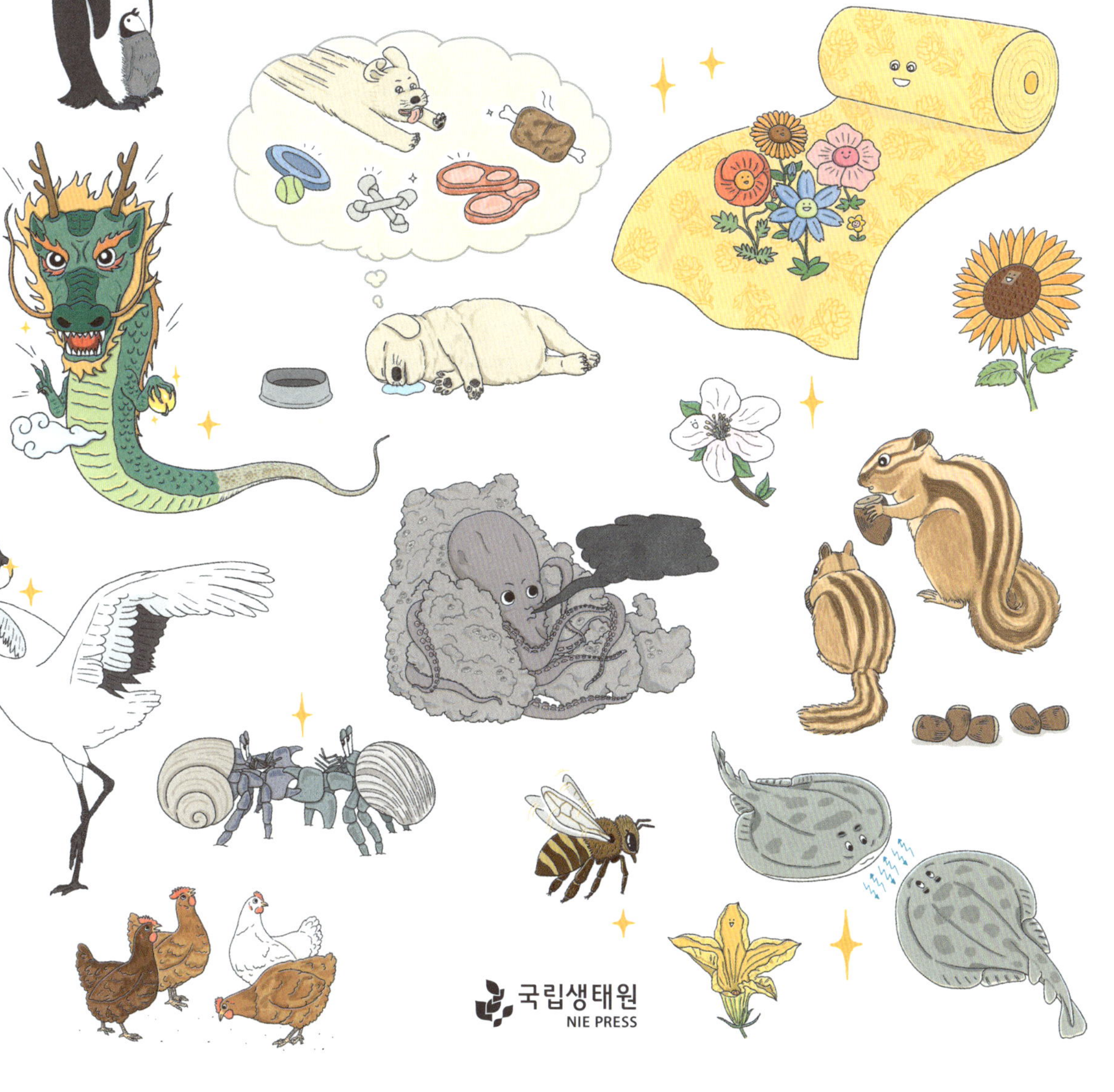

국립생태원
NIE PRESS

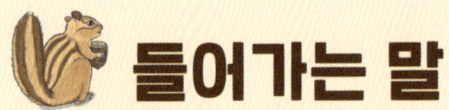# 들어가는 말

'금상첨화', '동고동락' 같은 말을 들어 본 적 있나요?
이런 말을 '고사성어'라고 해요.
고사성어는 한자로 된 짧은 말이에요.
옛날 중국의 이야기나 역사 속에서 생겨난 말이 많고,
우리나라 사람들도 오래전부터 써 왔어요.

고사성어는 짧지만, 깊은 뜻과 **교훈***이 담겨 있어요.
그래서 어떤 상황이나 마음을 짧고 특별한 말로
전하고 싶을 때 자주 쓰이지요.
하지만 고사성어는 한자로 되어 있어서,
그 안에 담긴 이야기와 뜻을 모르면 이해하기 어려워요.
'아전인수', '수어지교' 같은 말이 그렇죠.

이 책에서는 고사성어가 어떤 뜻인지,
언제, 어떻게 쓸 수 있는지를
쉽고 재미있는 이야기와 그림으로 알려 주려고 해요.

* 교훈 : 앞으로 어떻게 살면 좋을지 알려 주는 가르침.

또 하나, 고사성어에는
동물이나 식물처럼 자연 속 생물이
등장하는 말이 많아요.

예를 들면, '약방감초'에는 '풀'이 나오고,
'군계일학'에는 '닭'과 '학'이 나와요.
그래서 이 책에서는 고사성어의 뜻뿐만 아니라,
그 속에 담긴 생물들의 자연 이야기도 함께 소개해요.

고사성어와 자연 이야기를 읽고 나면,
스스로 생각하고 표현해 보는 활동지도 기다리고 있어요!
직접 써 보고, 그려 보고, 나만의 이야기를 만들어 보면
고사성어를 더 깊이 이해할 수 있을 거예요.

이 책에는 총 20개의 고사성어가 실려 있어요.
'유비무환', '일장춘몽', '화룡점정'처럼 멋진 뜻과
이야기가 담긴 고사성어를 하나씩 만나 보세요.
고사성어도 배우고, 자연에 대해서도 알게 되고,
관련된 활동도 할 수 있다니 정말 신나지 않나요?
이런 걸 '금상첨화'라고 해요. 좋은 일에 또 좋은 일이
더해졌을 때 쓰는 말이지요.

그럼, 지금부터 고사성어와 자연 이야기를 함께 만나 볼까요?

이렇게 읽어 보세요!

우리 고사성어

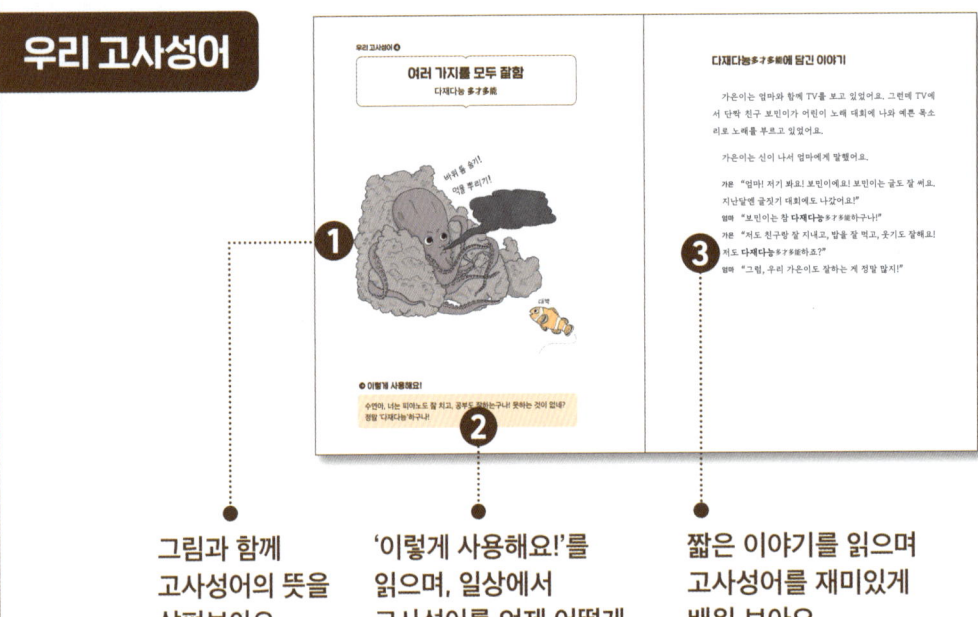

① 그림과 함께 고사성어의 뜻을 살펴보아요.

② '이렇게 사용해요!'를 읽으며, 일상에서 고사성어를 언제 어떻게 쓸 수 있는지 알아보아요.

③ 짧은 이야기를 읽으며 고사성어를 재미있게 배워 보아요.

자연 이야기

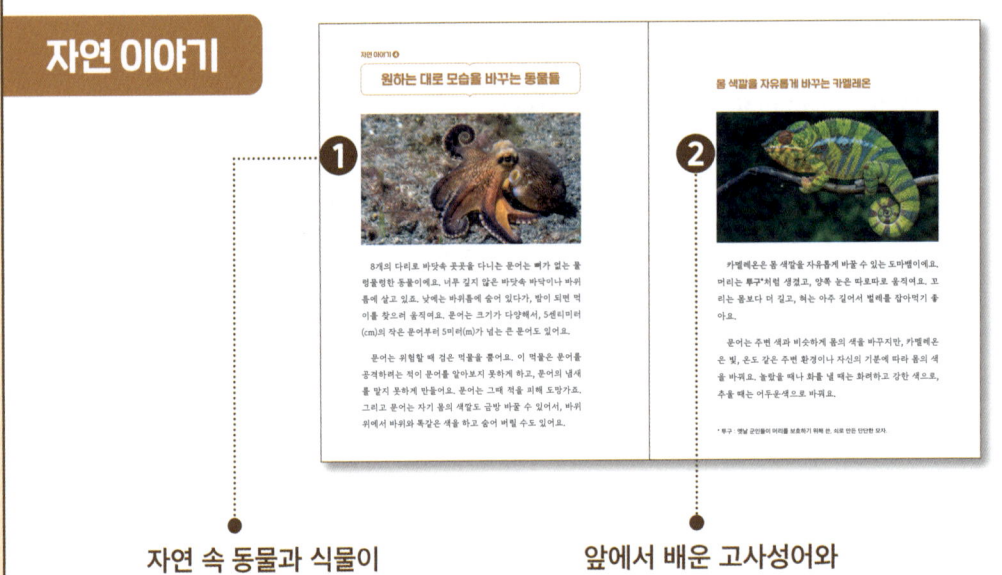

① 자연 속 동물과 식물이 어떻게 살아가는지 알아보아요.

② 앞에서 배운 고사성어와 자연의 이야기가 어떻게 연결되는지 생각해 보아요.

활동해 보기

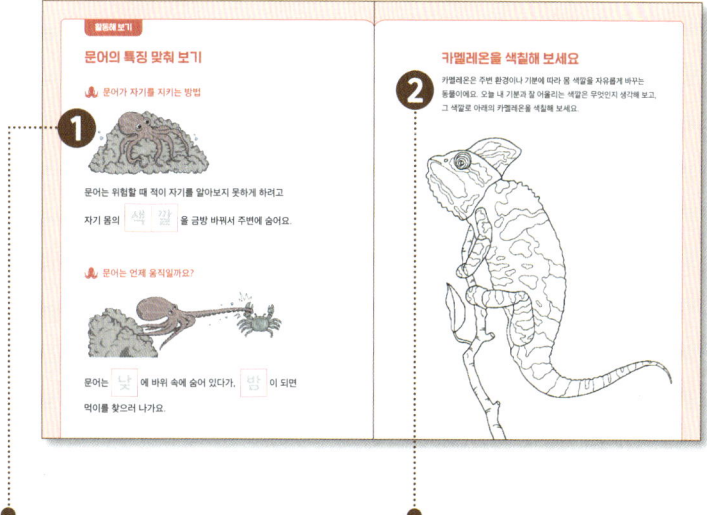

① 퀴즈, 그림, 만화, 글쓰기 등 다양한 활동지를 채워 보아요.

② 앞에서 읽었던 고사성어와 자연 이야기를 떠올리며, 그 속에 담긴 지혜를 내 삶 속에서도 실천해 보아요.

자연이 알려 주는 고사성어

순서

들어가는 말　　　　　　　　　　　　　　　　　　　　　　　4
이렇게 읽어 보세요　　　　　　　　　　　　　　　　　　　6

각골난망
刻骨難忘
우리 고사성어 ❶	뼈에 새길 만큼 잊을 수 없는 고마움	12
자연 이야기 ❶	모든 동물에게 뼈가 있을까?	14
활동해 보기		16

군계일학
群鷄一鶴
우리 고사성어 ❷	여러 마리 닭 사이에 있는 한 마리 학	18
자연 이야기 ❷	모든 닭이 다 똑같이 생겼을까?	20
활동해 보기		22

금상첨화
錦上添花
우리 고사성어 ❸	좋은 일에 좋은 일이 더해져 더욱 좋게 됨	24
자연 이야기 ❸	비단 주머니를 닮은 꽃	26
활동해 보기		28

다재다능
多才多能
우리 고사성어 ❹	여러 가지를 모두 잘함	30
자연 이야기 ❹	원하는 대로 모습을 바꾸는 동물들	32
활동해 보기		34

동고동락
同苦同樂
우리 고사성어 ❺	고생도 기쁨도 함께 나누는 소중한 사이	36
자연 이야기 ❺	사람처럼 동고동락하는 생물들	38
활동해 보기		40

박장대소 拍掌大笑	우리 고사성어 ❻ 자연 이야기 ❻ 활동해 보기	손뼉을 치며 크게 웃는 웃음 박수를 치는 동물이 있다고?	42 44 46
십시일반 十匙一飯	우리 고사성어 ❼ 자연 이야기 ❼ 활동해 보기	많은 사람이 힘을 모아 한 사람을 도움 함께 힘을 모으는 동물들	48 50 52
살신성인 殺身成仁	우리 고사성어 ❽ 자연 이야기 ❽ 활동해 보기	자신을 다 바쳐서 올바른 일을 함 자기 몸을 먹이로 주는 동물	54 56 58
선견지명 先見之明	우리 고사성어 ❾ 자연 이야기 ❾ 활동해 보기	앞으로 일어날 일을 미리 아는 지혜 먼 거리의 위험을 알아차리는 동물	60 62 64
수어지교 水魚之交	우리 고사성어 ❿ 자연 이야기 ❿ 활동해 보기	절대 떨어질 수 없는 가까운 사이 함께 도움을 주고받는 동물들	66 68 70

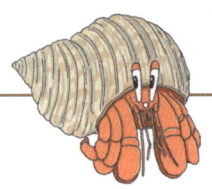

견문발검 見蚊拔劍	우리 고사성어 ⓫	모기를 잡기 위해 칼을 사용함	72
	자연 이야기 ⓫	모기의 천적과 친척	74
	활동해 보기		76

아전인수 我田引水	우리 고사성어 ⓬	나의 이익만을 위해 행동함	78
	자연 이야기 ⓬	논에는 어떤 동물들이 살고 있을까?	80
	활동해 보기		82

약방감초 藥房甘草	우리 고사성어 ⓭	어디서든 빠지지 않고 꼭 필요한 존재	84
	자연 이야기 ⓭	식물의 뿌리가 약이 된다고?	86
	활동해 보기		88

어부지리 漁夫之利	우리 고사성어 ⓮	전혀 상관없는 사람이 좋은 것을 얻게 됨	90
	자연 이야기 ⓮	조개 중에 가장 큰 조개, 대왕조개	92
	활동해 보기		94

용두사미 龍頭蛇尾	우리 고사성어 ⓯	멋진 시작과 다르게 부족한 마무리	96
	자연 이야기 ⓯	상상일까, 진짜일까?	98
	활동해 보기		100

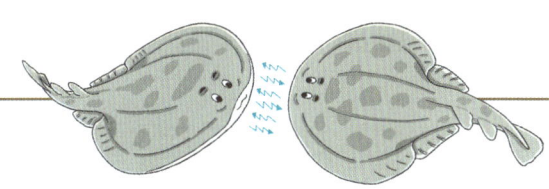

유구무언 有口無言	우리 고사성어 ⓰ 자연 이야기 ⓰ 활동해 보기	입이 있어도 할 말이 없음 입이 있지만 소리내지 못하는 동물들	102 104 106
유비무환 有備無患	우리 고사성어 ⓱ 자연 이야기 ⓱ 활동해 보기	준비가 잘 되어 있으면 걱정이 없음 미리미리 준비하는 동물	108 110 112
일장춘몽 一場春夢	우리 고사성어 ⓲ 자연 이야기 ⓲ 활동해 보기	한바탕 꿈 같은 인생의 허무함 동물들도 꿈을 꿀까?	114 116 118
일엽지추 一葉知秋	우리 고사성어 ⓳ 자연 이야기 ⓳ 활동해 보기	한 가지만 보고도 전체를 앎 풀일까 나무일까?	120 122 124
화룡점정 畵龍點睛	우리 고사성어 ⓴ 자연 이야기 ⓴ 활동해 보기	가장 중요한 마지막 부분을 완성하는 일 몸에 점이 있는 동물과 식물	126 128 130

우리 고사성어 ❶

뼈에 새길 만큼 잊을 수 없는 고마움
각골난망 刻骨難忘

● 이렇게 사용해요!

선생님, 정말 감사했어요!
선생님의 가르침을 '각골난망' 할게요.

각골난망刻骨難忘에 담긴 이야기

수아는 체육대회의 반 대표 달리기 선수예요. 수아는 매일 열심히 연습하며 체육대회 날을 기다렸어요. 그런데 체육대회 날 아침, 갑자기 배가 아팠어요.

수아 "어떡하지? 오늘 꼭 달리기를 잘해야 하는데…."
민서 "수아야, 어디 아파? 보건실에 같이 가자. 선생님께 약을 받아서 먹고, 보건실에서 조금 쉬자."

수아의 친구 민서는 아파서 혼자 걷기 힘든 수아를 데리고 보건실에 같이 가 줬어요. 수아는 민서 덕분에 보건 선생님이 준 약을 먹고 보건실에서 쉴 수 있었어요. 시간이 지나자, 배가 덜 아파진 수아는 달리기 시간에 맞추어 다시 운동장으로 나갔어요. 그리고 힘차게 달렸지요. 결국 수아는 1등을 했어요!

수아 "민서야, 정말 고마워. 네 덕분에 1등 했어! 나는 오늘 일을 **각골난망**刻骨難忘할 거야."

자연 이야기 ①

모든 동물에게 뼈가 있을까?

호랑이　　　악어　　　새(까치)　　　고등어

동물은 등뼈가 있는 척추동물과 무척추동물로 나뉘어요. 척추동물은 등을 따라 단단한 뼈가 있어요. 이 뼈를 '등뼈'라고 불러요. 척추동물 중에는 호랑이, 곰처럼 새끼를 낳고 젖을 먹여 키우는 '포유동물'이 있고, 뱀이나 악어처럼 피부가 비늘과 껍질로 되어 있는 '파충류'가 있어요.

물론 척추동물이라고 해도 뼈의 모양과 특징은 서로 달라요. 하늘을 나는 새는 뼈 안이 비어 있어서 가볍기 때문에 잘 날 수 있어요. 물속에 사는 물고기 중에서도 상어, 가오리같이 뼈가 말랑말랑한 '연골어류'가 있고, 고등어, 참치같이 뼈가 단단한 '경골어류'가 있어요.

등뼈가 없는 무척추동물

오징어　　　말미잘　　　거미　　　불가사리

　무척추동물은 등뼈가 없어요. 대신 몸이 흐물흐물하거나 단단한 껍데기로 덮여 있지요. 오징어나 달팽이처럼 부드러운 몸을 가진 동물은 '연체동물', 지렁이처럼 길고 통통한 몸을 가진 동물은 '환형동물'이라고 해요.

　또, 플라나리아처럼 납작한 몸을 가진 동물은 '편형동물', 말미잘처럼 입과 항문의 구분이 없는 동물은 '강장동물'이라고 부르지요. 거미나 지네처럼 몸이 여러 마디로 나뉜 동물은 '절지동물', 불가사리처럼 딱딱한 껍데기로 몸을 감싼 동물은 '극피동물'이라고 해요.

활동해 보기

한자의 첫 모양 알아보기

갑골 문자

아주 먼 옛날 중국에서는 거북이의 등껍질이나 동물의 뼈에
글자를 새겼어요. 이런 글자를 '갑골 문자'라고 불러요.

옛날 사람들은 앞으로 일어날 일을 알고 싶을 때 점*을 봤어요.
그런 다음, 점의 내용을 뼈에 새겨 적었지요. 한자는 바로
이 갑골 문자에서 발전했어요. 시간이 흐르면서 글자 모양이
조금씩 바뀌어, 지금의 한자가 된 거예요.

17쪽에는 갑골 문자와 한자가 함께 적혀 있어요.
두 글자를 따라 써 보고, 어떤 점이 서로 다른지 이야기를
나눠 보아요.

* 점 : 앞으로 어떤 일이 일어날지 맞춰보는 일.

갑골 문자와 한자를 따라 써 보세요

우리 고사성어 ❷

여러 마리 닭 사이에 있는 한 마리 학
군계일학 群鷄一鶴

● 이렇게 사용해요!

지아야, 오늘 발표 정말 멋있었어!
다른 친구들 중에서도 너는 정말 '군계일학'이었어.

군계일학群鷄一鶴에 담긴 이야기

민기는 친구들과 잘 어울리는 아이예요. 어느 날, 민기가 쉬는 시간에 혼자 그림을 그리던 지우에게 다가가 말했어요.

민기 "지우야, 너 그림 정말 잘 그린다! 나도 배우고 싶어!"

지우는 조용한 성격이라 친구에게 먼저 다가가기 어려웠어요. 그런데 민기가 먼저 말을 걸어 주자, 반갑고 고마웠어요.

지우는 민기에게 그림 그리는 방법을 알려 주었고, 두 사람은 함께 그림을 그리며 친해졌어요. 그 뒤로 지우도 조금씩 반 친구들과 어울리게 되었어요.

지우 "민기야, 네 덕에 내가 친구들과 친해졌어. 고마워! 넌 나에게 **군계일학**群鷄一鶴 같은 친구야."
민기 "지우야, 너야말로 우리 반에서 그림 실력이 **군계일학**群鷄一鶴이지!"

자연 이야기 ❷

모든 닭이 다 똑같이 생겼을까?

여러분이 알고 있는 닭은 어떤 모습인가요? 세상에는 다양한 모습의 닭이 있어요. 우리나라에는 긴꼬리닭이라는 특별한 닭이 있었어요. 이 닭은 이름처럼 꼬리가 아주 길어요. 어떤 긴꼬리닭은 꼬리 길이가 1미터(m)나 돼요. 털도 반짝반짝 빛이 나서 정말 멋지고 아름답죠.

오래전 기록에도 긴꼬리닭이 나와요. 옛날 중국 책에는 지금의 경기도, 충청도, 전라도가 된 '마한'에 꼬리가 긴 닭이 있다고 쓰여 있고, 고구려 때 만들어진 무덤 벽에도 꼬리가 긴 닭이 그려져 있어요. 하지만 지금은 긴꼬리닭을 보기 어려워요. 서양에서 온 닭들이 많아지면서 긴꼬리닭이 사라졌거든요.

특이한 겉모습을 가진 닭

 보통 우리가 알고 있는 닭은 달걀이나 고기를 얻기 위해 기르는 닭이에요. 하지만 반려동물로 키우기 위한 닭들은 우리가 아는 닭의 모습과 조금 달라요.

 영국이 고향인 '블랙 로즈콤'과 '금수남', '은수남', 중국과 미국이 고향인 '블랙 코친', 폴란드가 고향인 '백색 폴리쉬' 등은 특이한 겉모습을 가지고 있어요. 아래의 사진을 보며, 다양한 닭의 모습을 살펴보세요.

금수남

은수남

활동해 보기

군계일학 찾아보기

질문 이 닭장 속에는 혼자만 눈에 띄는 동물이 있어요.
어떤 동물인가요?

질문 이 동물이 눈에 띄었던 이유는 무엇인가요?
나의 생각을 써 보세요.

 크기가 달라서, 모양이 달라서, 색깔이 달라서 등

나의 군계일학을 찾아보세요

나에게도 특별히 눈에 띄는 한 가지 장점이 있나요?
나의 '군계일학'은 무엇인지 아래의 빈칸에 글과 그림으로 표현해 보세요.

우리 고사성어 ❸

좋은 일에 좋은 일이 더해져 더욱 좋게 됨
금상첨화 錦上添花

◐ 이렇게 사용해요!

곧 어린이날이라, 오늘 맛있는 급식이 나온대. 그런데 이따 오후에 맛있는 간식도 주신다나 봐! 정말 '금상첨화'잖아?

금상첨화錦上添花에 담긴 이야기

　오늘은 유준이의 생일이에요. 오래전부터 받고 싶은 선물이 있었던 유준이는 부모님과 함께 백화점에 갔어요.

　유준 "엄마! 이 신발이 바로 제가 갖고 싶었던 신발이에요."
　엄마 "그래, 유준아. 생일 선물로 이 신발 사 줄게."

　유준이네 가족은 신발을 계산하고 집으로 가려고 했어요. 그때, 신발 가게 직원이 지금 가게에서 경품 추첨을 하고 있다고 말했어요. 유준이는 생일 기념으로 직접 **경품***을 뽑아보겠다고 했어요.

　유준 "어? 엄마! 1등이에요, 1등! 제가 당첨됐어요!"

　심지어 1등 경품은 유준이가 좋아하는 모자였어요.
너무 기쁜 유준이는 가게에서 큰 소리로 이야기했어요.

　유준 "오늘 생일 선물로 갖고 싶던 신발을 받았는데,
　　　경품으로 모자까지 받다니 정말 **금상첨화**錦上添花예요!"

* 경품 : 제비를 뽑아서 주는 선물.

자연 이야기 ❸

비단 주머니를 닮은 꽃

 사진에 있는 꽃의 이름은 금낭화예요. 금낭화는 '비단 주머니 꽃'이라는 뜻이에요. 생긴 모습이 꼭 주머니를 닮았기 때문에 지어진 이름이죠.

 금낭화는 보통 5월과 6월에 연한 분홍색 꽃이 차례대로 줄기에 피어요. 꽃잎의 윗부분은 심장 모양의 주머니처럼 볼록하게 부풀어 있고, 아랫부분은 땅을 향해 길게 늘어져 있어요. 6월과 7월에는 바로 이 아랫부분에서 길쭉한 열매가 달려요.

사라질 위험에 처한 복주머니난

 복주머니난은 꽃 모양이 복주머니처럼 동그랗고 귀엽게 생긴 꽃이에요. 붉은색 꽃이 피고, 키는 30~50센티미터(cm) 정도 자라요. 줄기는 위로 쭉 뻗어 자라고, 뿌리는 옆으로 퍼지며 자라요.

 복주머니난은 우리나라 산속에서 자라는 **여러해살이풀***이지만, 요즘은 보기 아주 어려운 꽃이에요. 왜냐하면 사람들이 꽃이 예쁘고 냄새가 특이하다고 함부로 뽑아가서, 사라질 위험에 처했기 때문이에요.

---

* 여러해살이풀 : 겨울에는 땅 위에 올라온 부분이 죽어도, 봄이 되면 다시 새로운 잎이 나는 풀.

활동해 보기

일상 속 금상첨화의 순간 찾아보기

나의 일상에도 금상첨화의 순간이 있었나요?
'이미 좋은 일' 위에 '더 좋은 일'이 더해진 순간을 써 보세요.
그리고 금상첨화의 순간을 직접 계획해서 만들어 보세요.

내가 경험한 금상첨화의 순간

> 예) 생일 파티를 하러 식당에 갔는데, 식당 직원분들이 함께 축하 노래를 불러 주셨어요.

내가 직접 계획한 금상첨화의 순간

> 예) 곧 있을 언니의 졸업식을 축하하기 위해 직접 편지를 써 볼 거예요.

금낭화를 색칠해 보세요

금낭화는 비단으로 만든 주머니를 닮아 아름다운 꽃이에요.
금낭화가 '금상첨화'로 아름다워지도록 예쁘게 색칠해 보세요.

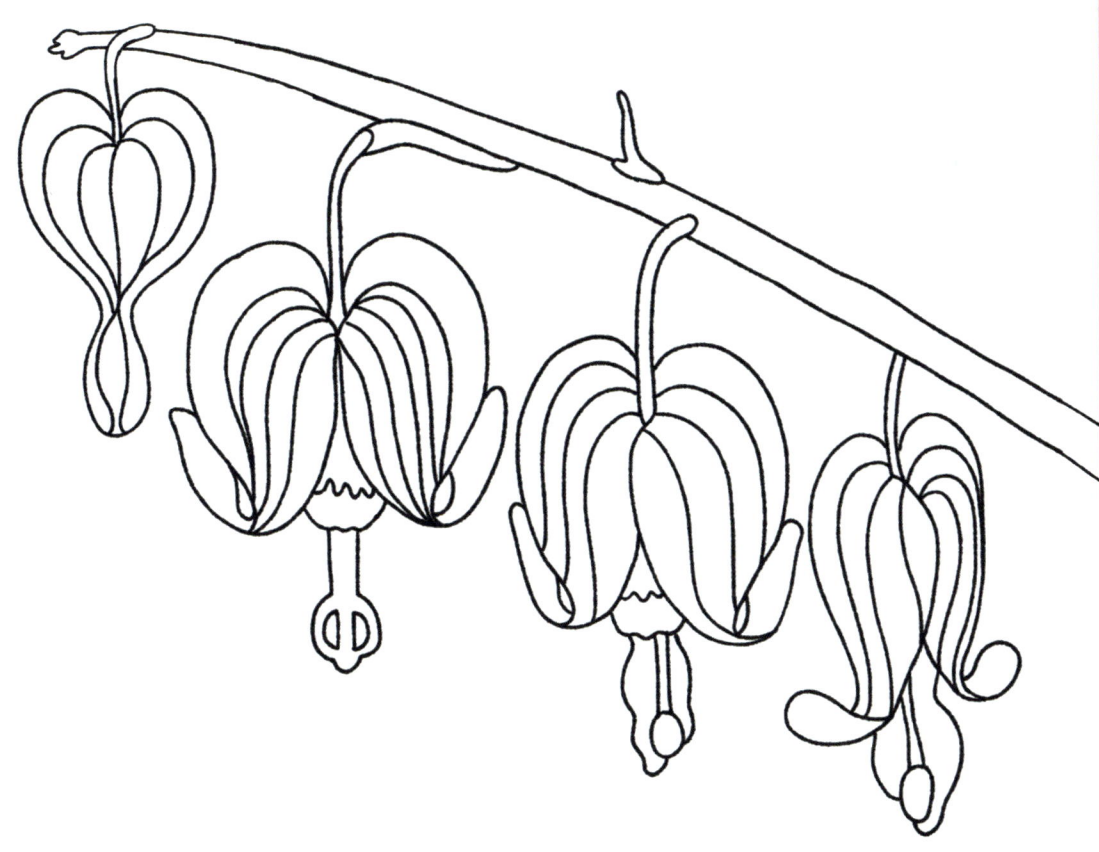

자연이 알려 주는 고사성어

우리 고사성어 ❹

여러 가지를 모두 잘함
다재다능 多才多能

◉ 이렇게 사용해요!

수연아, 너는 피아노도 잘 치고, 공부도 잘하는구나! 못하는 것이 없네?
정말 '다재다능'하구나!

다재다능多才多能에 담긴 이야기

가은이는 엄마와 함께 TV를 보고 있었어요. 그런데 TV에서 단짝 친구 보민이가 어린이 노래 대회에 나와 예쁜 목소리로 노래를 부르고 있었어요.

가은이는 신이 나서 엄마에게 말했어요.

가은 "엄마! 저기 봐요! 보민이에요! 보민이는 글도 잘 써요. 지난달엔 글짓기 대회에도 나갔어요!"
엄마 "보민이는 참 **다재다능**多才多能하구나!"
가은 "저도 친구랑 잘 지내고, 밥을 잘 먹고, 웃기도 잘해요! 저도 **다재다능**多才多能하죠?"
엄마 "그럼, 우리 가은이도 잘하는 게 정말 많지!"

자연 이야기 ❹

원하는 대로 모습을 바꾸는 동물들

 8개의 다리로 바닷속 곳곳을 다니는 문어는 뼈가 없는 물렁물렁한 동물이에요. 너무 깊지 않은 바닷속 바닥이나 바위 틈에 살고 있죠. 낮에는 바위틈에 숨어 있다가, 밤이 되면 먹이를 찾으러 움직여요. 문어는 크기가 다양해서, 5센티미터(cm)의 작은 문어부터 5미터(m)가 넘는 큰 문어도 있어요.

 문어는 위험할 때 검은 먹물을 뿜어요. 이 먹물은 문어를 공격하려는 적이 문어를 알아보지 못하게 하고, 문어의 냄새를 맡지 못하게 만들어요. 문어는 그때 적을 피해 도망가죠. 그리고 문어는 자기 몸의 색깔도 금방 바꿀 수 있어서, 바위 위에서 바위와 똑같은 색을 하고 숨어 버릴 수도 있어요.

몸 색깔을 자유롭게 바꾸는 카멜레온

 카멜레온은 몸 색깔을 자유롭게 바꿀 수 있는 도마뱀이에요. 머리는 **투구***처럼 생겼고, 양쪽 눈은 따로따로 움직여요. 꼬리는 몸보다 더 길고, 혀는 아주 길어서 벌레를 잡아먹기 좋아요.

 문어는 주변 색과 비슷하게 몸의 색을 바꾸지만, 카멜레온은 빛, 온도 같은 주변 환경이나 자신의 기분에 따라 몸의 색을 바꿔요. 놀랐을 때나 화를 낼 때는 화려하고 강한 색으로, 추울 때는 어두운색으로 바꿔요.

* 투구 : 옛날 군인들이 머리를 보호하기 위해 쓴, 쇠로 만든 단단한 모자.

> 활동해 보기

문어의 특징 맞춰 보기

 문어가 자기를 지키는 방법

문어는 위험할 때 적이 자기를 알아보지 못하게 하려고

자기 몸의   을 금방 바꿔서 주변에 숨어요.

 문어는 언제 움직일까요?

문어는  에 바위 속에 숨어 있다가, 이 되면

먹이를 찾으러 나가요.

카멜레온을 색칠해 보세요

카멜레온은 주변 환경이나 기분에 따라 몸 색깔을 자유롭게 바꾸는 동물이에요. 오늘 내 기분과 잘 어울리는 색깔은 무엇인지 생각해 보고, 그 색깔로 아래의 카멜레온을 색칠해 보세요.

우리 고사성어 ❺

고생도 기쁨도 함께 나누는 소중한 사이
동고동락 同苦同樂

◐ 이렇게 사용해요!

친구야, 올해로 우리가 친구가 된 지 10년이 됐네.
그동안 '동고동락'해 온 시간이 참 소중하다.

동고동락同苦同樂에 담긴 이야기

혜인이네 아침은 항상 바빠요. 혜인이는 학교에 갈 준비를 하고, 엄마와 아빠는 출근할 준비를 하기 때문이죠.

그렇게 바쁜 아침이지만, 혜인이의 엄마와 아빠는 잊지 않고 매일 서로를 꼭 안아 줘요.

혜인 "엄마, 아빠는 어떻게 그렇게 매일 서로를 아끼고 사랑하세요?"

아빠 "그건 말이지, 엄마랑 아빠는 오래전부터 **동고동락**同苦同樂해 온 사이거든. 힘들 때도, 즐거울 때도 항상 함께했단다. 그래서 서로가 서로에게 제일 소중하지!"

엄마 "맞아, **동고동락**同苦同樂하며 오래도록 함께하는 것은 참 소중한 일이지. 우리 혜인이도 엄마 아빠와 오래도록 동고동락하며 함께하자꾸나!"

자연 이야기 ❺

사람처럼 동고동락하는 생물들

 산에 있는 큰 나무 옆에 자라는 버섯을 본 적이 있나요? 버섯은 식물이 아니라 **균류***인데, 나무와 서로 도움을 주고받으며 살아요. 버섯은 나무뿌리에 붙어서 물과 영양분을 나무에게 주어요. 그러면 나무는 버섯에게 **당분****을 주어서 버섯이 잘 자라게 도와요. 이렇게 서로 도와주면 나무는 더 크고 건강하게 자라고, 버섯은 더 맛있어져요. 특히, 맛이 좋고 귀하기로 유명한 송로버섯은 나무의 도움 없이는 좋은 맛을 낼 수 없답니다.

* 균류 : 햇빛을 이용해서 스스로 영양분을 만들지 못하고 다른 생물에게 붙어서 사는 생물. 버섯, 곰팡이 등이 있다.

** 당분 : 물에 잘 녹으며 단맛이 나는 탄수화물. 생물이 살기 위해 꼭 필요한 에너지로 쓰인다.

소나무에 붙어 사는 복령

복령은 소나무 뿌리에 붙어 자라는 균류예요. 겉은 갈색, 속은 하얀색이죠. 복령의 갈색 껍질에는 주름이 많아요.

복령은 작게는 50그램(g)부터 크게는 10킬로그램(kg)까지 크기도 다양해요. 복령은 몸의 부기를 빼 주고, 소화를 돕는 약으로 쓰여요. 가래가 생기거나 숨쉬기 어려울 때 다른 약과 함께 쓰기도 해요. 또, 불안한 마음을 안정시키는 약으로도 사용해요.

> 활동해 보기

동고동락하는 사이 떠올려 보기

동고동락 이야기를 읽고 떠오른 사람이 있나요?
그 사람과 함께 했던 시간 중 힘들었던 일과 기뻤던 일을 떠올리며
일기를 써 보세요.

📖 힘들었던 일

📖 기뻤던 일

동고동락하는 사이끼리 연결해 보세요

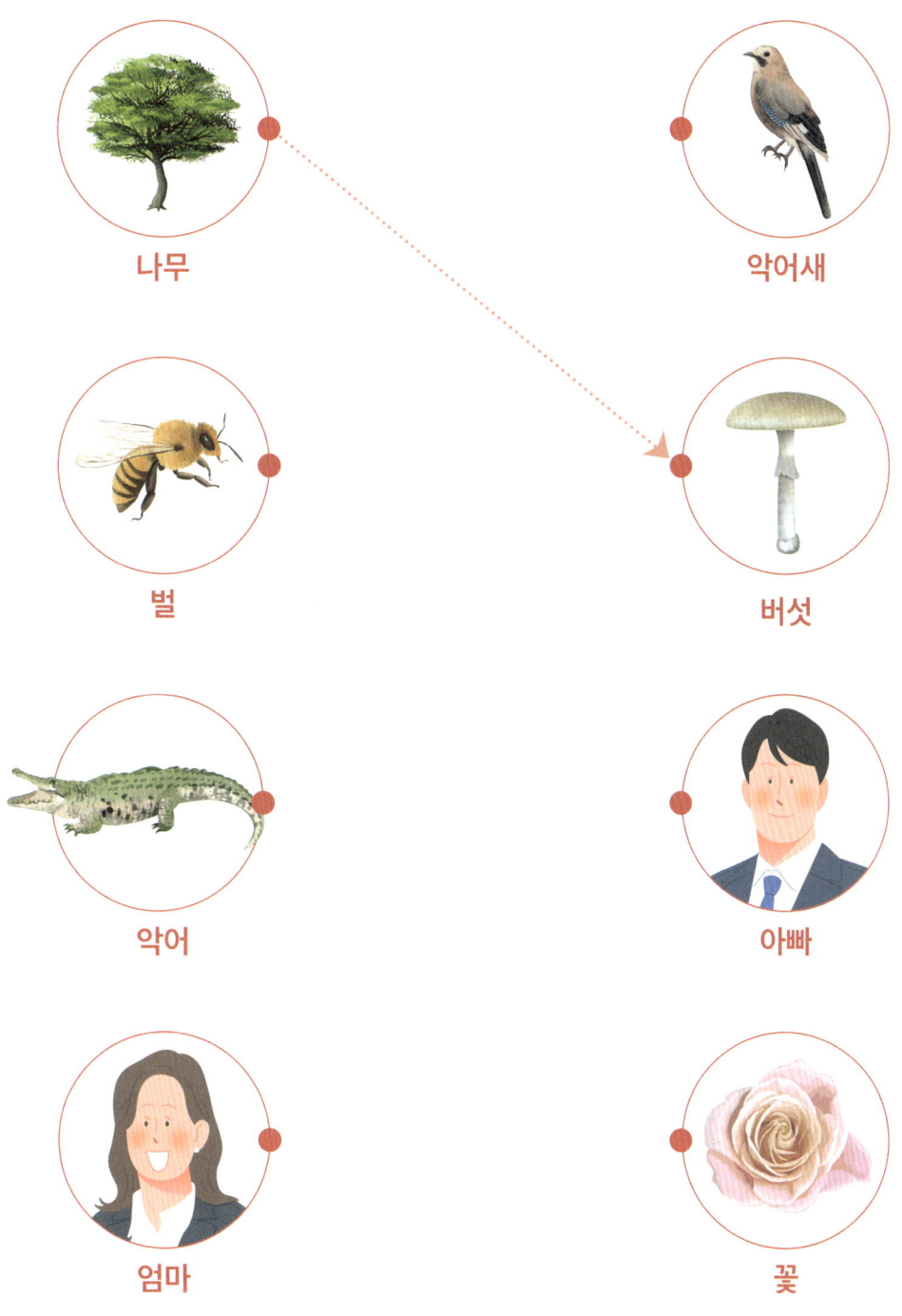

자연이 알려 주는 고사성어

우리 고사성어 ❻

손뼉을 치며 크게 웃는 웃음
박장대소 拍掌大笑

◉ 이렇게 사용해요!

아까 현수가 교실에서 들려준 이야기가 너무 재밌어서, 반 친구들이 전부 '박장대소' 했어.

박장대소拍掌大笑에 담긴 이야기

　승현이네 가족은 일요일 저녁마다 거실에서 예능 프로그램을 함께 봐요. 그 프로그램에는 승현이가 가장 좋아하는 개그맨이 나와서, 매주 새로운 개그를 보여 주지요.

　어느 날, 프로그램에서 연극을 하던 개그맨이 재미있는 표정을 지으며 넘어지는 장면을 보여 주었어요. 승현이는 깔깔 웃다가, 갑자기 똑같이 따라 하기 시작했어요.

승현 "엄마, 아빠! 저 어때요?"

그 모습을 본 엄마 아빠는 손뼉을 치며 크게 웃었어요.

아빠 "하하하! 우리 승현이 진짜 똑같다! 승현이 덕분에 오늘 저녁도 **박장대소**拍掌大笑 했네!"

거실에 온 가족의 웃음소리가 가득 퍼졌어요.

자연 이야기 ❻

박수를 치는 동물이 있다고?

물개는 바다에 사는 **포유동물***이에요. 물개는 여름이 되면 새끼를 낳기 위해 자기가 태어난 곳으로 돌아와요.

수컷 물개는 여러 마리의 암컷과 짝짓기를 해요. 수컷 물개는 암컷 물개를 빼앗기지 않기 위해 박수를 치며 다른 수컷 물개를 쫓아내요. 또, 아무것도 먹지 않고 암컷 물개의 곁을 지키기도 해요. 몸속에 미리 쌓아 둔 영양분으로 2달 넘게 버틸 수 있기 때문이에요.

* 포유동물 : 어미의 젖을 먹고 자라는 척추동물.

사람처럼 웃는 동물들

영국의 과학자 찰스 다윈은 1872년에 '동물도 사람처럼 얼굴이나 소리로 감정을 표현한다'라는 사실을 알아냈어요. 그래서 다른 과학자들도 동물이 웃는지 알아보려고 여러 동물을 간지럽혀 보았죠.

그 결과, 고릴라·개·쥐 같은 동물이 웃는 소리를 낸다는 걸 알았어요. 고릴라는 서로 간지럼을 태우며 놀 때, 사람과 비슷한 웃음소리를 내요. 쥐는 사람처럼 크게 웃는 건 아니지만, '찍찍' 하는 소리를 내며 웃는답니다.

고릴라

쥐

> 활동해 보기

웃음 카드 만들기

웃음 카드는 친구나 가족을 웃게 할 비법을 담은 카드예요.
내가 만든 웃음 카드로 상대방과 즐겁게 대화를 나눠 보세요.

❶ 카드에 이름을 지어 주세요

깔깔 카드, 재미 카드 등 나만의 이름을 지어 주세요.

❷ 내가 준비한 웃음 비법을 써 보세요

상대방을 웃게 만들 수 있는 나만의 웃음 비법을 써 보세요.

- 웃긴 표정 보여 주기
- 재밌는 이야기 들려주기
- 서로의 웃음을 따라 하기
- 손뼉 치며 웃어 보기
- 친구와 함께 큰 소리로 웃기

❸ 웃음 점수 표현하기

상대방에게 내 웃음 카드를 보여 주고,
웃음 비법으로 상대방을 웃게 만들어 보세요.

내 웃음 카드가 재밌었다면, 상대방은 내 웃음 카드에 있는
박수 손에 동그라미를 쳐서 점수를 줘요.

나의 웃음 카드를 만들어 보세요

우리 고사성어 ❼

많은 사람이 힘을 모아 한 사람을 도움
십시일반 十匙一飯

◐ 이렇게 사용해요!

얼마 전 큰 홍수로 피해를 입으신 분들을 위해, 우리 아파트 주민들도 '십시일반'으로 돈을 모아 보냈어.

십시일반十匙一飯에 담긴 이야기

오늘은 동현이네 반이 미술 시간에 찰흙 만들기를 하는 날이에요. 동현이네 반 친구들은 미술 시간이 되자 가방에서 준비해 온 찰흙을 꺼내기 시작했어요. 그런데 가방을 열어 본 동현이가 갑자기 당황하며 말했어요.

동현 "어…. 나 찰흙을 안 가져온 것 같아. 집에 두고 왔나 봐."
나연 "괜찮아, 내가 조금 나눠 줄게. 얘들아, 우리 찰흙 조금씩 떼어서 동현이에게 주는 거 어때? 그러면 동현이도 만들 수 있어."

나연이 말에 반 친구들이 모두 자기가 가져온 찰흙을 동현이에게 조금씩 나누어 주었어요. 그러자 금세 동현이가 만들기를 할 수 있는 만큼의 찰흙이 모였어요.

동현 "와, 정말 고마워. 얘들아, 너희들이 **십시일반**十匙一飯으로 찰흙을 모아 준 덕분에 나도 오늘 만들기를 할 수 있게 되었어!"

자연 이야기 ❼

함께 힘을 모으는 동물들

 아프리카에는 리카온이라는 들개가 살아요. 리카온은 혼자 살지 않고, 여러 마리가 모여서 한 무리를 만들어 살아요. 그래서 사냥도 다 같이 하죠.

 먹이를 쫓아 앞에서 뛰던 리카온이 지치면, 뒤에 있던 리카온이 이어서 쫓아가요. 마치 이어달리기처럼 서로 힘을 합쳐 먹이를 잡는 거예요. 그리고 잡은 먹이는 꼭 다 함께 나눠 먹어요. 심지어 사냥하지 않은 리카온이나 새끼들에게도 자기가 먹은 것을 토해서 나눠 주지요. 이렇게 서로 돕고 나누면서 살아가는 리카온은 늘 20마리 정도의 수를 지키며 함께 다녀요.

함께 힘을 합쳐 사냥하는 바다 동물

바다에도 리카온처럼 힘을 합쳐 먹이를 사냥하는 동물이 있어요. 첫 번째는 돌고래예요. 돌고래는 먹이를 잡을 때 여러 마리가 그물 모양을 만들어서 물고기들을 바닷가 쪽으로 몰아간 다음 잡아먹어요.

두 번째는 독가시치라는 물고기예요. 독가시치는 짝을 지어 같이 사냥해요. 한 마리가 먹이를 먹고 있으면, 다른 한 마리는 그 위에서 머리를 들고 헤엄치며 주변을 살펴봐요. 혹시 다른 물고기가 공격하지 않는지 살피는 거예요. 만약 위험한 상황이 되면 먹이를 먹고 있는 독가시치의 지느러미를 치거나, 다른 곳으로 도망가서 위험을 알려요. 지켜보던 독가시치가 도망가면, 먹이를 먹던 독가시치도 그 뒤를 따라서 바로 도망가요.

돌고래

독가시치

활동해 보기

십시일반 상황 알아보기

우리 삶 속에서 만날 수 있는 '십시일반'의 상황을 알아보고,
친구와 함께 이야기를 나눠 보세요.

상황 고르기　다음 중 십시일반의 상황은 무엇일까요?
하나의 정답을 골라 동그라미 해 보세요.

① 한 친구가 준비물을 안 가져왔을 때, 다른 친구들이 조금씩 나눠 줘요.

② 선생님께서 반 아이들에게 수학을 가르쳐 주세요.

③ 두 사람이 청소 당번이 돼서 반을 청소해요.

④ 친구의 고민을 듣고 위로해 줘요.

경험 나누기　내가 경험한 십시일반의 상황을 떠올려 보고,
친구와 함께 이야기 나눠 보세요.

만화를 완성해 보세요

아프리카 들개 리카온은 무리 지어 함께 살고, 함께 사냥하며,
사냥한 먹이를 함께 나눠 먹는 동물이에요.
아래의 만화를 보고, 마지막 칸에 들어갈 내용을 상상해서 채워 보세요.

빈칸을 채워 보세요!

우리 고사성어 ❽

자신을 다 바쳐서 올바른 일을 함
살신성인 殺身成仁

● 이렇게 사용해요!

얼마 전 큰 불이 난 아파트에서 어린아이를 구했던 소방관의 모습은 정말 '살신성인'이었어.

살신성인殺身成仁에 담긴 이야기

초등학교 6학년인 지훈이는 학교 운동장에서 친구들과 축구를 하고 있었어요. 그런데 한 친구가 공을 너무 세게 차서, 공이 운동장 밖으로 넘어가려고 했어요. 그 순간, 지훈이가 공이 넘어가는 쪽으로 천천히 걸어가던 초등학교 1학년 아이를 발견했어요.

지훈 "위험해! 비켜야 해!"

지훈이는 공보다 빨리 달렸어요. 그러고는 자기 몸을 던져 초등학교 1학년 친구를 감싸 안았어요. 지훈이가 안전한 곳으로 넘어진 덕분에 1학년 친구도 다치지 않았지요. 지켜보던 친구들과 선생님이 모두 지훈이와 1학년 친구 옆으로 다가왔어요.

선생님 "지훈아, 다치지 않아서 다행이다.
네 **살신성인**殺身成仁 덕분에 1학년 친구가 안전하게 피했어. 정말 용감하구나!"

자연 이야기 ❽

자기 몸을 먹이로 주는 동물

벨벳거미는 북아프리카와 중동의 사막 지역에 사는 거미예요. 벨벳거미의 어미는 새끼에게 자기 몸을 먹이로 줘요. 벨벳거미의 어미는 알 주머니를 품으면서부터 몸이 점점 녹기 시작하는데요. 새끼가 알에서 깨어나면, 어미는 소화한 먹이를 토해서 새끼에게 먹여요.

이런 과정을 반복하다가, 나중에는 액체가 된 자기 몸을 먹도록 내어 줘요. 결국 어미는 껍질만 남게 되지만 새끼들은 그 덕분에 건강하게 자라요.

피부 속에 새끼를 품는 개구리

피파개구리는 남아프리카에 사는 개구리예요. 암컷이 알을 낳으면, 수컷이 그 알들을 암컷의 등 위에 올려놓아요. 그러면 시간이 지나면서 암컷의 등 피부가 부풀어 올라요. 등의 피부로 알을 품는 것이죠. 알을 품은 암컷 개구리는 새끼들을 안전하게 지키기 위해 거의 움직이지 않고 물속에서 조용히 지내요.

새끼들은 알에서 자라다가 올챙이가 되면, 암컷 개구리의 등을 뚫고 세상 밖으로 나와요. 피파개구리는 이렇게 자기 몸을 희생하며 새끼를 지켜요.

활동해 보기

살신성인 빙고 게임 해 보기

아래의 빙고판에 적힌 내용을 직접 경험한 적이 있다면 동그라미 쳐 보세요. 가로, 세로, 대각선으로 줄이 이어지면 **빙고!** 라고 외쳐 보세요. 가장 먼저 3번의 **빙고!** 를 외치는 사람이 이기는 게임이에요.

아픈 친구 돌봐주기	할머니 할아버지 짐 들어 드리기	놀이터에서 순서 양보하기
학교 주변에서 스스로 쓰레기 줍기	엄마아빠 집안일 도와드리기	버스나 지하철에서 자리 양보하기
학교에서 선생님 도와드리기	다친 친구 보건실 데려가기	친구와 함께 모둠 활동을 할 때 어려운 일 먼저 맡아서 하기

나의 경험을 떠올려 보세요

나도 누군가를 위해 도와주거나 희생한 경험이 있나요?
아래의 빈칸을 채워 보며 기억을 떠올려 보세요.

언제?

누구를?

어떻게 도와주었나요?

그때 나는 어떤 기분이었나요?

나의 도움을 받고 누군가 기뻐했던 장면을 그림으로 그려 보세요.

우리 고사성어 ❾

앞으로 일어날 일을 미리 아는 지혜
선견지명 先見之明

🔹 **이렇게 사용해요!**

오늘 분명 일기예보에서도 비가 안 온다고 했는데,
정말 네 말대로 비가 오네. 너 '선견지명'이 있구나!

선견지명先見之明에 담긴 이야기

현주네 반이 놀이동산으로 체험 학습을 가게 됐어요. 현주는 친구들과 함께 놀이기구를 타는 게 기대됐어요. 게다가 아침에 엄마가 정성스럽게 싸 주신 도시락을 먹을 생각에 마음이 설렜어요. 그런데 점심시간이 되어 도시락을 열어 보니, 숟가락이 없었어요.

현주 "이런, 숟가락이 없네! 엄마가 김치볶음밥을
싸 주셨는데 어떻게 먹지?"
민정 "걱정 마, 현주야. 우리 엄마가 혹시 누가 숟가락을
안 가져올 수도 있다고, 하나 더 챙겨 주셨어. 이거 쓰면 돼!"
현주 "민정아, 정말 고마워! 너희 어머니가 정말 **선견지명**
先見之明이 있으시다!"

현주와 민정이는 함께 즐겁게 도시락을 먹고, 신나게 놀이기구를 타러 갔답니다.

자연 이야기 ❾

먼 거리의 위험을 알아차리는 동물

공작갯가재는 따뜻한 바다에 사는 동물이에요. 몸은 초록색, 꼬리는 파란색과 보라색, 다리는 빨간색이죠. 바다에 사는 공작새처럼 보이기도 해서, 이름이 공작갯가재예요.
가장 놀라운 건 공작갯가재의 눈이에요. 양쪽 눈이 따로따로 움직이고, 360도로 볼 수 있어요. 또, 사람보다 훨씬 많은 색을 구분할 수 있어서 사람이 못 보는 빛까지 볼 수 있어요.

게다가 공작갯가재는 앞발 힘이 엄청나요. 자기 몸무게의 100배 힘으로 조개껍데기도 부숴 버리죠. 게다가 시속 80킬로미터(km)로 빠르게 주먹을 날리면, 게의 집게발도 부러뜨릴 수 있대요.

공작갯가재를 이기는 디스코조개

공작갯가재는 강한 앞발로 조개껍데기도 부수고, 게의 집게발도 꺾어 버리는 바다의 싸움꾼이에요. 그런데 디스코조개 앞에서는 달라져요. 디스코조개를 공격하려다 뒷걸음질 치고, 심지어 다리를 떨며 겁내기도 하죠. 왜냐하면 디스코조개가 반짝이는 빛을 내기 때문이에요. 전기가 흐르는 것처럼 빠르게 하얀빛을 번쩍이며 적을 놀라게 하지요. 공작갯가재는 이 빛을 무서워해요.

만약 그래도 공작갯가재가 계속 공격한다면, 디스코조개는 아주 독한 액체를 뿌려서 공작갯가재를 쫓아낼 거예요.

활동해 보기

공작갯가재와 디스코조개 비교하기

아래의 공작갯가재와 디스코조개의 특징을 보고,
활동지 빈칸을 채워 보세요.

공작갯가재

눈이 따로따로 움직여 **360도**를 볼 수 있고,
사람보다 더 많은 색을 구분할 수 있어요.
앞발 힘이 강해서 **조개껍데기**도 부숴 버려요.

디스코조개

몸에서 번쩍이는 **빛**을 내어 적을 놀라게 해요.
공격이 계속되면 액체를 뿌려서 적을 쫓아내요.

📖 빈칸을 채워 보세요!

공작갯가재는 | 3 | 6 | 0 | 도 | 를 볼 수 있고,

| 조 | 개 | 껍 | 데 | 기 | 를 부술 만큼 힘이 세다.

디스코조개는 | 빛 | 을 내어 적을 놀라게 한다.

특별한 능력을 가진 동물을 소개해 보세요

공작잿가재와 디스코조개처럼 특별한 능력을 가지고 있는 동물을 알고 있나요? 그 동물의 특징을 떠올리며 동물을 소개해 보세요.

특별한 동물을 소개합니다

동물 이름

특별한 능력

그 능력은 어디에 쓰이나요?

그 동물은 어떻게 생겼나요?

우리 고사성어 ⑩

절대 떨어질 수 없는 가까운 사이
수어지교 水魚之交

◐ 이렇게 사용해요!

나랑 지수는 물고기와 물처럼 떨어질 수 없는 '수어지교'야.
그래서 하루만 못 봐도 허전해!

수어지교水魚之交에 담긴 이야기

　소윤이와 다현이는 같은 학교 친구예요. 어렸을 때부터 같은 동네에 살아서, 누구보다 서로를 잘 알고 가까운 친구죠. 어느 날, 소윤이와 다현이가 학교를 마치고 집에 가려는데 갑자기 비가 쏟아지기 시작했어요.

소윤　"어떡하지? 우산을 안 가져왔는데…."
다현　"괜찮아! 내 우산 같이 쓰자. 너희 집까지 데려다줄게."

　두 친구는 다정하게 우산을 함께 쓰고 집으로 갔어요. 소윤이는 다현이와의 추억이 또 하나 쌓인 것이 기뻤어요. 그날 저녁, 소윤이는 엄마에게 말했어요.

소윤　"엄마, 오늘 다현이가 없었다면 저는 집에 올 때 비를 다 맞았을 거예요. 다현이는 정말 저에게 없어서는 안 될 소중한 친구예요."
엄마　"그래, 우리 소윤이와 다현이는 **수어지교**水魚之交 같은 사이구나!"

자연 이야기 ⑩

함께 도움을 주고받는 동물들

산호는 식물처럼 보이지만 사실은 동물이에요. 입, **촉수***, 위가 있어서 작은 먹이를 잡아먹어요. 산호는 **조류****를 몸 속에 품으며 함께 살아요.

조류는 산호의 도움을 받아 햇빛을 이용해 에너지와 산소를 만들어요. 산호는 조류가 만든 에너지와 산소를 받아 살아가요. 햇빛을 받은 조류는 알록달록한 빛깔을 띠기 때문에, 산호도 함께 알록달록하게 보인답니다.

* 촉수 : 몸 앞이나 입 주변에 있는 작은 더듬이 같은 기관. 냄새를 맡거나, 맛을 볼 때 쓴다. 먹이를 잡을 때 쓰기도 한다.

** 조류 : 물속에서 사는 아주 작은 식물. 뿌리, 줄기, 잎이 없고 꽃도 피지 않는다.

다른 동물을 깨끗하게 해 주는 동물

 청소놀래기라는 물고기를 알고 있나요? 이 물고기는 다른 물고기의 이빨과 **아가미*** 사이를 왔다 갔다 하면서 찌꺼기를 청소해 줘요. 상어처럼 큰 물고기부터 작은 물고기까지, 물고기들의 입 안, 지느러미, 몸 구석구석을 깨끗하게 해 주지요.

 청소놀래기는 몇 초에서 1분 정도까지 청소를 해요. 덕분에 다른 물고기들은 더 깨끗하고 건강하게 살 수 있답니다.

* 아가미 : 물속에서 사는 동물이 숨을 쉬게 하는 몸의 기관.

활동해 보기

수어지교 친구 떠올려 보기

나에게는 없으면 안 되는 친구가 있나요?
그 친구를 떠올리며, 아래의 빈칸을 채워 보세요.

📖 나의 수어지교 친구는 누구인가요?

이름

📖 나와 친구가 물고기와 물처럼 함께한 순간을
   그림으로 표현해 보세요.

동고동락과 비교해 보세요

이 책에는 '수어지교'와 비슷한 뜻의 고사성어가 또 있어요.
36쪽에 있는 '동고동락' 이야기와 함께 '수어지교'를 살펴보고,
아래 예시에 맞는 고사성어를 빈칸에 써 보세요.

| 수 | 어 | 지 | 교 |

물고기와 물처럼 떨어질 수 없는
아주 가까운 사이

| 동 | 고 | 동 | 락 |

괴로움도 함께하고
즐거움도 함께하는 사이

📖 어떤 고사성어가 어울릴까요?

① 현우와 지수는 어딜 가든
   항상 함께 다니는 단짝이에요.

② 골키퍼인 하준이와 미드필더인
   민재는 항상 같은 팀으로만
   경기에 나가요.

③ 운동회 날 비가 와서 힘들었지만,
   우리 반은 서로 웃으며
   끝까지 응원했어요.

④ 모둠 발표를 준비하던 민정이와
   태윤이는 어려운 순간에도
   힘을 모아 끝까지 함께했어요.

우리 고사성어 ⑪

모기를 잡기 위해 칼을 사용함
견문발검 見蚊拔劍

◯ 이렇게 사용해요!

날이 덥긴 하지만, 이 정도 더위에 선풍기와 에어컨을 동시에 켜는 건 작은 일에 너무 크게 반응하는 '견문발검'이야.

견문발검見蚊拔劍에 담긴 이야기

무척 더운 여름밤, 민채는 모기 때문에 잠을 못 잤어요. 게다가 모기가 눈꺼풀을 물어서 눈이 퉁퉁 부어버렸지요.

다음 날 학교에서 민채를 만난 친구들은 모두 민채의 눈을 보고 깜짝 놀라며 민채에게 말을 걸었어요.

서윤 "민채야, 너 눈이 많이 부었네! 모기 물린 거야?"
민채 "응. 어젯밤에 너무 더워서 창문을 열고 잤더니, 모기에게 물려 버렸어. 하필 눈을 물렸네."

그날 민채의 부은 눈은 민채가 집에 올 때까지 가라앉지 않았어요. 민채는 밤에 또 모기에게 물릴까 걱정이 되었지요. 결국 민채는 자기 전에 두꺼운 옷을 입고, 모자와 마스크를 쓴 채로 이불을 덮고 누웠어요.

엄마는 민채의 모습을 보고 크게 웃으며 말했어요.

엄마 "민채야, 이게 바로 **견문발검**見蚊拔劍이네! 엄마가 전자 모기향을 틀어 줄 테니 걱정하지 말렴."

자연이 알려 주는 고사성어

자연 이야기 ⑪

모기의 천적과 친척

집박쥐는 아주 작은 박쥐예요. 동굴이 아니라 사람이 사는 집 지붕이나 벽의 틈 같은 곳에서 살아요. 낮에는 잠을 자고, 밤이 되면 날아다니며 먹이를 잡아요.

집박쥐는 모기 같은 나쁜 벌레를 많이 잡아먹는 동물이에요. 농사짓는 곳처럼 나쁜 벌레 때문에 고민이 많은 곳에서는 더욱 고마운 존재지요. 하루에 모기 1~3천 마리까지 먹을 수 있어서, 사람들에게 큰 도움이 돼요. 하지만 모기에게는 무서운 **천적***이랍니다.

* 천적 : 다른 동물을 잡아먹는 동물.

모기와 비슷한 각다귀

 다리가 아주 길고 커다란 모기를 본 적이 있나요? 보자마자 물릴까 봐 겁이 날 수 있지만, 사실 그것은 진짜 모기가 아니에요. 각다귀라는 곤충이지요. 각다귀는 모기처럼 입에 가시 같은 바늘이 없어서 사람의 피를 빨지 않고, 병도 옮기지 않아요. 각다귀는 풀이 많은 곳이나 물이 있는 곳 근처를 천천히 날아다니고, 물속이나 축축한 흙에서 살아요.

 가끔 농작물의 뿌리를 먹어 농사에 방해가 되기도 하지만, 꽃의 꿀을 먹으면서 꽃가루를 옮겨 주는 역할도 해요. 우리나라에도 여러 종류의 각다귀가 살고 있답니다.

활동해 보기

보기와 다른 동물의 특징 맞추기

집박쥐와 각다귀처럼, 보기와 다른 동물의 특징을 맞춰 보세요.

●   ● 귀여운 모습이지만, 함부로 쓰다듬었다가 병에 걸릴 수 있어요!

●   ● 느긋하고 여유로워 보이지만, 아프리카에서 제일 공격적인 동물 중 하나예요.

●   ● 아름다운 모습이지만, 촉수에 쏘이면 크게 다칠 수 있어요!

●   ● 사람을 좋아할 것 같지만, 사실은 혼자 있는 것을 가장 좋아해요.

나의 견문발검 경험을 써 보세요

처음엔 오해했지만, 알고 보니 괜찮았던 적이 있나요?
아래의 빈칸에 내 경험을 써 보세요.

처음 생각   나는   가

                                        어요.

알고 보니   하지만 사실은

                              라서 괜찮았어요.

🔖 오해를 풀기 위해 내가 했던 일을 써 보세요.

우리 고사성어 ⑫

나의 이익만을 위해 행동함
아전인수 我田引水

● 이렇게 사용해요!

체육대회 연습은 모든 반이 다 같이 하는 건데, 3반이 혼자 운동장을 다 쓰면서 연습하고 있네. 정말 '아전인수'가 따로 없어!

아전인수我田引水에 담긴 이야기

오늘 수연이네 저녁 메뉴는 갈비찜이에요. 갈비찜은 수연이가 제일 좋아하는 음식이라, 갈비찜이 식탁에 놓이자마자 수연이는 갈비찜 접시를 자기 앞으로 당겼어요.

지연 "아니, 언니만 갈비찜을 많이 먹으려고 해? 정말 욕심쟁이네!"

엄마 "수연아, 이런 모습을 **아전인수**我田引水라고 해. 아전인수는 '내 논에만 물을 끌어다 쓴다'라는 뜻이야. 마을에서 함께 농사를 짓기 위해 모아 둔 물을 어떤 한 농부가 혼자만 쓰면 안 되겠지?"

수연 "네…. 제가 갈비찜을 혼자 다 먹으려고 한 거랑 똑같네요."

수연이는 머쓱해하며 갈비찜 접시를 다시 식탁 가운데로 옮겼어요. 결국 온 가족이 함께 갈비찜을 맛있게 먹었답니다.

자연 이야기 ⑫

논에는 어떤 동물들이 살고 있을까?

논우렁이　　　송사리　　　소금쟁이

　논은 벼가 자라는 곳이에요. 하지만 논에는 벼만 있는 게 아니라 여러 동물이 함께 살고 있답니다. **논우렁이**는 겨울에 흙 속에 숨어 있다가, 봄이 되면 나와요. 건조한 곳에서도 잘 살고요. **송사리**는 더운물, 더러운 물에서도 잘 살아요. **소금쟁이**는 발끝에 털이 많아서 물에 젖지 않고, 물 위에 떠서 다녀요.

　이 동물들 말고도 개구리, 올챙이, 미나리, 거머리 같은 동물과 식물이 논에서 살고 있죠. 계절마다 떠나고 머무는 철새들도 논에 와서 먹을 것을 찾아요.

논에 사는 물고기

논에는 뱀장어처럼 생긴 드렁허리도 살아요. 드렁허리는 몸이 가늘고 길며, 비늘이 없어요. 또 가슴지느러미와 배지느러미도 없답니다. 드렁허리는 흙을 파서 굴을 만들고, 그 안에서 알을 낳아요. 그래서 이름이 '논두렁을 무너뜨린다'라는 뜻의 드렁허리예요.

드렁허리는 피부로 숨을 쉬고, 건조한 환경도 잘 견뎌요. 6~7월에는 알을 낳고, 자라면서 성별이 바뀌는 특징이 있어요.

> 활동해 보기

아전인수와 십시일반 비교하기

서로 반대되는 뜻의 두 고사성어를 비교해 보며, 고사성어의 의미를 기억해 보세요.

| 아 | 전 | 인 | 수 |

자기에게만 이익이 되도록 생각하거나 행동함.

| 십 | 시 | 일 | 반 |

여러 사람이 조금씩 힘을 합하면 한 사람을 돕기 쉬움.

🔍 **예시에 맞는 고사성어를 빈칸에 써 보세요.**

① 동생은 가족들이 다 함께 먹는 과자 중, 자기가 좋아하는 과자만 골라서 숨겨 놓았어요.

② 동네 주민들이 깨끗한 옷을 모아서 어려운 이웃을 돕는 바자회를 열었어요.

③ 도현이는 점심시간에 맛있는 반찬을 혼자 다 먹으려고 했어요.

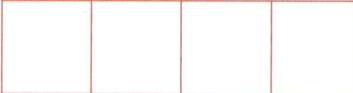

④ 청소 시간에 반 친구 모두가 힘을 합쳐 청소를 빨리 끝냈어요.

내 삶의 순간을 떠올려 보세요

🔖 나의 삶에는 어떤 순간이 더 많았나요? 동그라미 해 보세요.

| 아전인수의 순간 | 십시일반의 순간 |

🔖 그때를 떠올리며 아래의 빈칸을 채워 보세요.

어떤 상황이었나요?

나는 어떻게 행동했나요?

그때 나는 어떤 기분이었나요?

앞으로 나는 어떻게 하고 싶나요?

우리 고사성어 ⑬

어디서든 빠지지 않고 꼭 필요한 존재
약방감초 藥房甘草

◯ 이렇게 사용해요!

우리 할머니 음식의 비결은 멸치 육수래. '약방감초'처럼, 모든 음식에 멸치 육수를 조금씩 넣으면 맛이 좋아진다고 말씀하셨어.

약방감초藥房甘草에 담긴 이야기

토요일 아침, 온 가족이 함께 집을 청소하기로 했어요. 엄마는 부엌을, 아빠는 거실을, 동생은 자기 방을 치우고 있었어요.

이때 어디서든 빠지지 않고 나타나는 사람이 있었어요. 바로 현수예요. 엄마가 부엌에서 그릇을 닦고 있으면, 현수는 얼른 수건을 갖다드렸어요. 아빠가 거실 청소기를 돌리다 전선이 꼬이자, 현수가 바로 달려와서 풀어 드렸어요. 심지어는 동생이 방 청소를 하기 전에 먼저 동생 방에 쓰레기봉투를 가져다두었죠.

엄마 "현수는 정말 **약방감초**藥房甘草네. 어디서든 꼭 빠지지 않고 나타나서 도움을 주는구나!"

현수 덕분에 온 가족이 청소를 빨리 끝내고 상쾌한 주말을 보낼 수 있었답니다.

자연 이야기 ⑬

식물의 뿌리가 약이 된다고?

한약을 만들 때 빠지지 않고 꼭 들어가는 감초는 뿌리에서 단맛이 나요. 줄기는 1미터(m) 정도로 자라고, 뿌리는 땅속 깊게 뻗어요. 여름에는 보라색 꽃이 피고, 가을에는 꼬투리 모양 열매가 열려요. 열매 안에는 검은색 씨가 6~8개 정도 들어 있죠. 감초의 뿌리는 한약을 만들 때 여러 가지 재료와 함께 넣어요. 그러면 감초가 다른 재료를 순하게 만들어서 약의 효과를 높여 줘요.

감초는 우리 몸에 여러 가지 도움이 돼요. 위가 아플 때나 설사할 때, 피부에 염증이 생겼을 때도 써요. 그래서 감초는 한약을 만들 때 가장 많이 쓰는 약의 재료예요.

매운맛이 나도 약이 될 수 있어요

 감초처럼 뿌리를 약으로 쓰는 식물이 또 있어요. 바로 고본이에요. 고본은 깊은 산에서 자라는 풀이에요. 우리나라에서는 설악산, 지리산같이 높고 깊은 산에서 고본을 키워요. 키는 80센티미터(cm) 정도이고, 여름이 끝날 때쯤 하얀 꽃이 피어요. 가을에는 끝에 작은 날개가 붙은 납작한 열매가 맺혀요.

 감초의 뿌리는 달콤한 맛이 나지만, 고본의 뿌리는 매운맛이 나고 향기가 강해요. 그래도 고본의 뿌리는 머리가 아플 때 효과가 좋아서, 약으로 써요.

활동해 보기

감초와 고본 비교하기

빈칸의 특징을 따라 써 보며, 어떤 식물인지 맞춰 보세요.

나는 _____ 입니다.

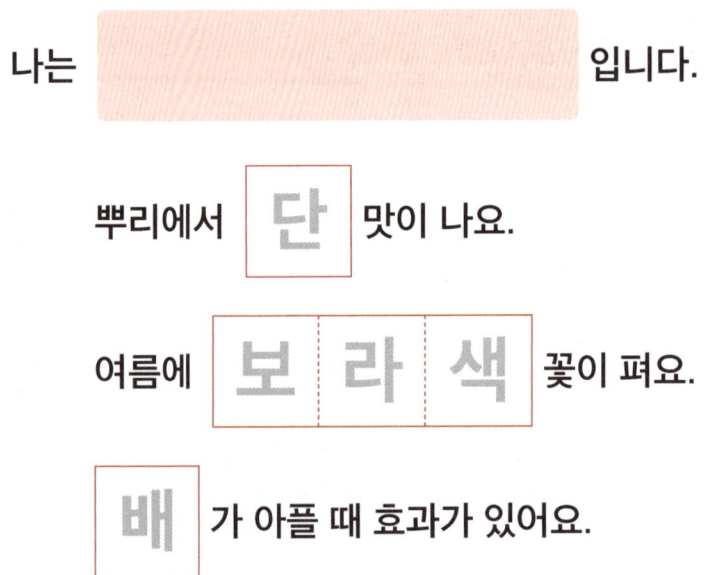

뿌리에서 단 맛이 나요.

여름에 보라색 꽃이 펴요.

배 가 아플 때 효과가 있어요.

나는 _____ 입니다.

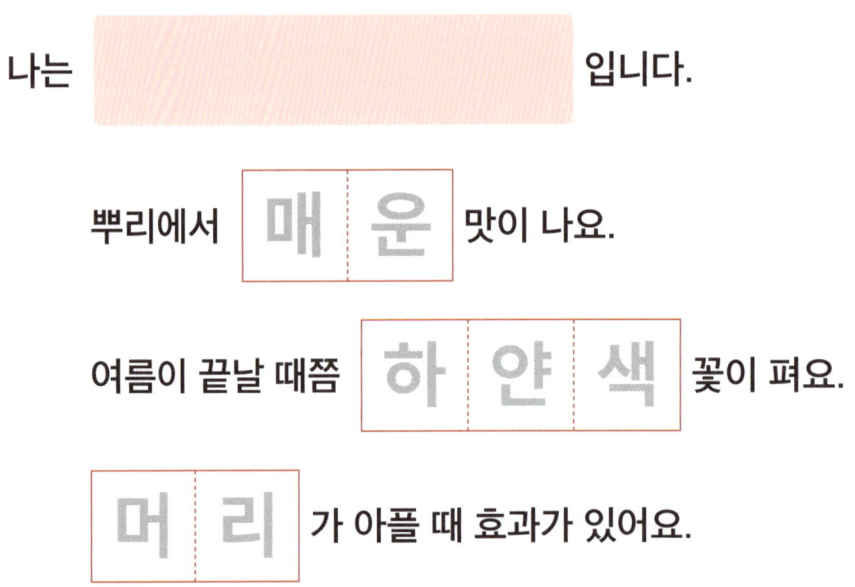

뿌리에서 매운 맛이 나요.

여름이 끝날 때쯤 하얀색 꽃이 펴요.

머리 가 아플 때 효과가 있어요.

하루 일과표를 써 보세요

나의 하루 일과표를 써 보고, 약방의 감초처럼 나의 하루에 없으면 안 되는 것을 떠올려서 써 보세요.

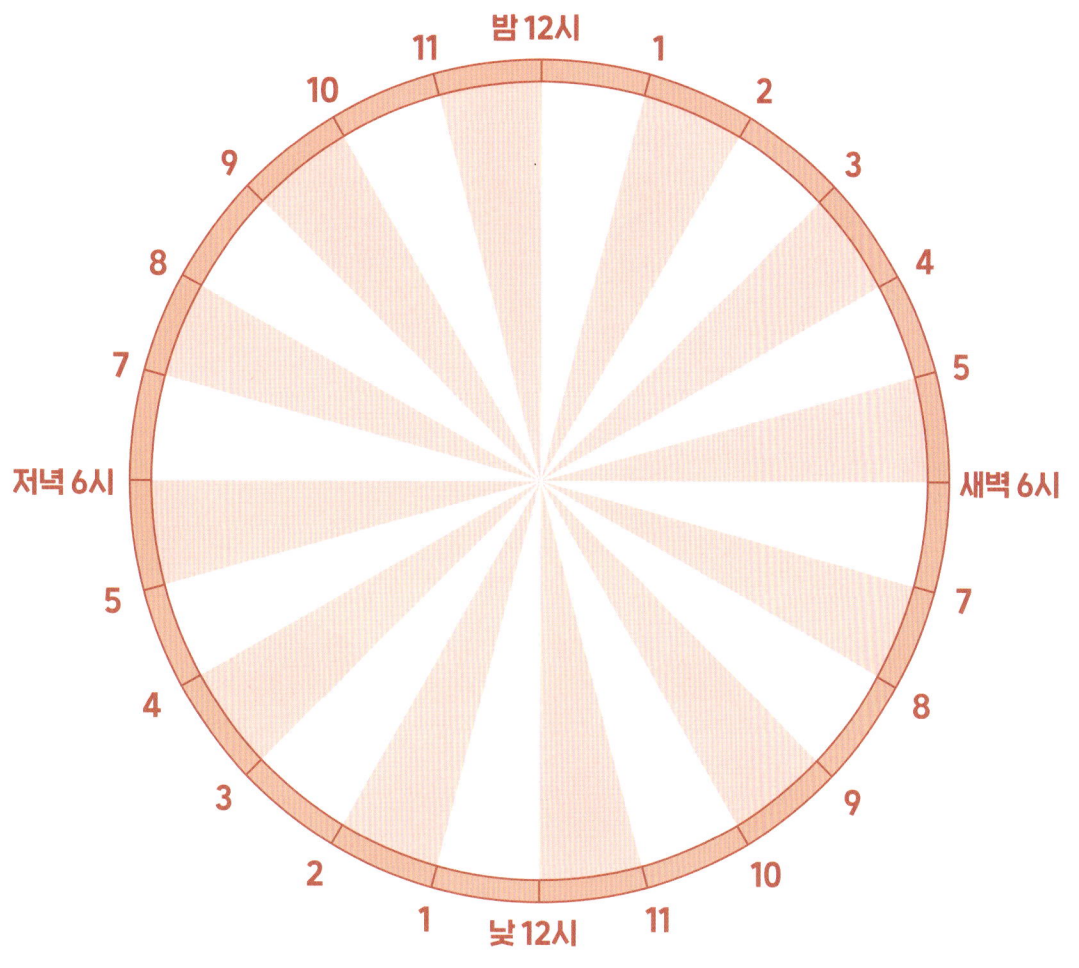

나의 하루에는 _____ 이 꼭 필요해요!

자연이 알려 주는 고사성어

우리 고사성어 ⑭

전혀 상관없는 사람이 좋은 것을 얻게 됨
어부지리 漁夫之利

◯ 이렇게 사용해요!

오늘 반에서 자리를 바꿀 때 민서랑 지훈이가 서로 앞자리에 앉겠다고 다투는 사이에, 내가 '어부지리'로 그 자리에 앉게 되었어.

어부지리漁夫之利에 담긴 이야기

　쉬는 시간, 교실 뒤편에서 현우와 민재가 서로 자기가 먼저 축구공을 쓰겠다며 다투고 있었어요. 두 친구의 말다툼 소리가 점점 커지자, 옆에서 보고 있던 서연이가 슬쩍 다가와 말했어요.

서연 "그럼 내가 잠깐 쓰고 올게!"

　두 친구가 서로 다투는 데 집중하는 사이, 서연이는 축구공을 들고 운동장으로 나가 버렸어요. 뒤늦게 상황을 깨달은 현우와 민재는 얼굴을 마주 보며 동시에 외쳤어요.

현우, 민재 "어? 우리끼리 다투는 사이에 서연이가 축구공을 가져갔네!"

　선생님은 이 모습을 보고 웃으며 말씀하셨어요.

선생님 "얘들아, 이게 바로 **어부지리**漁夫之利란다. 두 사람이 다투는 사이에 전혀 다른 사람이 좋은 걸 얻게 되었다는 뜻이지. 자, 이제 싸우지 말고 사이 좋게 공놀이하렴!"

자연 이야기 ⑭

조개 중에 가장 큰 조개, 대왕조개

어부지리는 '조개와 황새가 서로 싸우고 있을 때, 어부가 그 둘을 모두 잡아버린다'라는 뜻이에요. 그런데 바닷속에는 감히 황새가 덤비지 못할 아주 큰 조개가 있어요. 이 조개의 이름은 대왕조개예요. 대왕조개는 길이가 1미터(m)가 넘고, 무게는 200킬로그램(kg)이나 나가요. 사람들은 이렇게 큰 대왕조개가 사람을 잡아먹을 거라고 생각하지만, 대왕조개는 사실 작은 식물 플랑크톤만 먹어요.

대왕조개 껍데기는 크고 단단해서 옛날에는 세면대나 장식품으로 쓰기도 했어요. 하지만 사람들이 너무 많이 잡아서, 지금은 멸종 위기 동물이 되었답니다.

대왕조개가 살아남는 방법

대왕조개는 암컷과 수컷이 한 몸인 동물이에요. 그래서 다른 대왕조개를 만나면 서로 난자와 정자를 뿜어서 아기 대왕조개를 만들 수 있어요. 이렇게 난자와 정자가 물속에서 만나면, 하루쯤 지나 작은 아기 대왕조개가 태어나요.

다 자란 대왕조개는 껍데기가 완전히 닫히지 않을 정도로 크고 두껍게 자라요. 껍데기 안쪽에는 '주산텔래'라는 작은 식물이 살아요. 이 식물은 낮에 햇빛을 받아 광합성을 하고, 대왕조개에게 영양분을 나눠 줘요. 햇빛을 받으면 반짝이는 주산텔래 덕분에 대왕조개의 몸은 파란색, 갈색, 초록색으로 반짝반짝 예쁘게 보인답니다.

활동해 보기

어부지리로 이기는 보드게임 하기

게임 규칙

① 세 사람이 함께 게임합니다.

② 1부터 6까지 숫자가 적힌 주사위를 준비합니다.

③ 자기 차례가 되면 주사위를 던집니다.

④ 주사위에 나온 숫자만큼 화살표를 따라 칸을 이동합니다.

⑤ 그림이 나오면, 아래의 내용대로 합니다.

⑥ 가장 먼저 어부지리에 도착하는 사람이 이깁니다.

1번 쉬기

뒤로 1칸

뒤로 2칸

앞으로 1칸

보드게임을 해 보세요

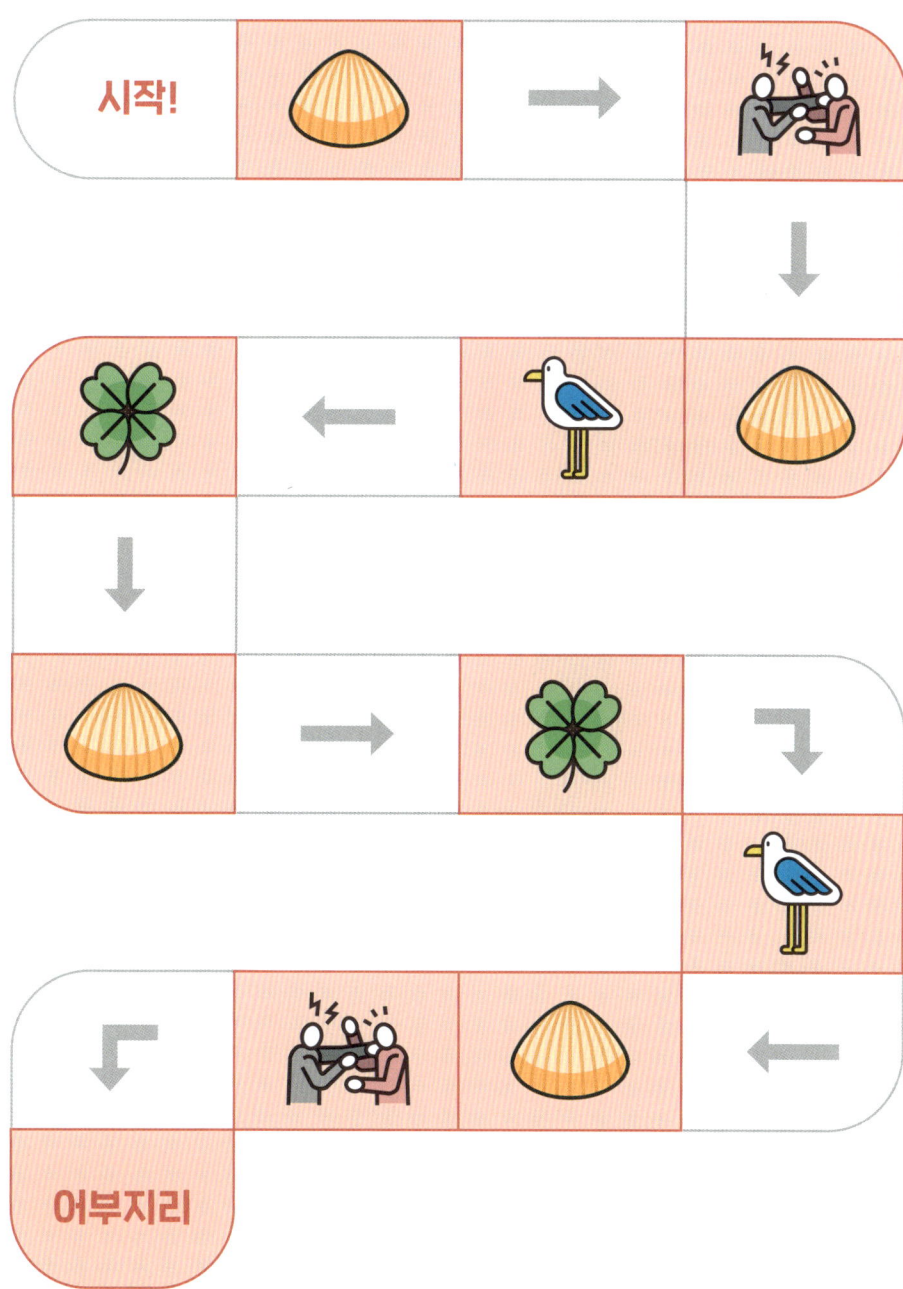

우리 고사성어 ⑮

멋진 시작과 다르게 부족한 마무리
용두사미 龍頭蛇尾

시작 　　　　　　　　　　　　　끝

● **이렇게 사용해요!**

> 현우야, 새해 첫날부터 매일 운동하겠다고 하지 않았어?
> 3일 만에 포기하다니, '용두사미'로 끝나지 않도록 조금 더 노력해 보자.

용두사미龍頭蛇尾에 담긴 이야기

민재는 선생님이 일주일 동안 내 주신 '좋은 습관 만들기' 숙제로 매일 일기를 쓰기로 했어요. 다짐한 첫날밤, 민재는 하루를 돌아보며 일기를 쓰는 게 뿌듯해서 글씨도 반듯하게 쓰고, 예쁜 그림도 그려 넣었지요. 다음 날 학교에 숙제를 가져가니 칭찬도 받았어요.

선생님 "와, 민재 글씨도 예쁘고, 그림도 멋지다. 정말 훌륭해!"

하지만 민재는 둘째 날부터 조금 달라졌어요. 일기를 쓰긴 했지만 글씨는 삐뚤빼뚤하게 적었고, 그림은 대충 동그라미 2개만 그렸어요.

그러다가 3일째 되는 날, 공책에 '오늘은 아무 일 없었음.' 딱 한 줄만 적어 버렸어요. 다음 날 아침, 선생님은 민재의 숙제를 보고 웃으며 말씀하셨어요.

선생님 "민재야, 이것 참 **용두사미**龍頭蛇尾구나! 시작은 진짜 멋있었는데, 끝으로 갈수록 게을러졌는걸? 남은 이틀은 조금 더 힘을 내 보자!"

자연 이야기 ⑮

상상일까, 진짜일까?

　용두사미는 '용의 머리를 하고 뱀의 꼬리를 갖고 있다'는 뜻으로, 시작은 멋지지만 끝은 부족한 상황을 말할 때 써요. 용은 상상 속 동물이지만, 실제 자연에도 용이란 이름이 붙은 동물이 있어요. 영어로 '블루 드래곤(푸른 용)'이라고 불리는 푸른갯민숭달팽이에요. 몸길이가 4~5센티미터(cm)밖에 안 되죠.

　푸른갯민숭달팽이는 몸은 작지만 색깔이 아주 화려하고, 엄청 많이 먹어요. 심지어 독이 아주 강한 해파리를 잡아먹고, 그 해파리의 독을 자기 몸에 저장하기도 해요. 그래서 다른 물고기들이 함부로 건드리지 못하죠. 정말 바닷속의 작은 용 같죠?

상상 속의 새

 실제로는 존재하지 않지만, 옛날 사람들의 상상 속에는 특별한 새가 있었어요. 바로 봉황이에요. 봉황은 중국과 우리나라의 옛날이야기에서 아주 아름답고 특별한 새로 자주 나와요. 옛날 사람들은 나라에 큰일이나 중요한 사건이 있을 때 봉황이 나타난다고 믿었어요.

 옛날 기록을 보면, 봉황은 여러 동물의 모습을 조금씩 닮았다고 해요. 몸 앞은 기린, 뒤는 사슴, 목은 뱀, 꼬리는 물고기, 등은 거북, 턱은 제비, 부리는 닭을 닮았다고 하죠. 이렇게 특별한 봉황은 중요한 건물을 장식하기 위해 그려 넣거나, 그림으로 새기기도 했어요.

> **활동해 보기**

지킬 수 있는 다짐해 보기

새롭게 시작하는 일이 용두사미가 되지 않고, '용두용미'로 끝나려면 어떻게 해야 할까요? 아래의 빈칸을 채우며, 나만의 '용두용미 문장'을 완성해 보세요.

목표 세우기   요즘 내가 새로 시작한 일이나,
앞으로 하고 싶은 일을 써 보세요.

> 예) 매일 아침 7시에 일어나서 30분 동안 줄넘기를 할 거예요.

마음 다지기   시작할 때 어떤 마음으로 하는지,
어떤 준비를 하면 좋을지 써 보세요.

> 예) 건강한 어린이가 될 거예요! 아침에 일어나자마자 운동하러 갈 수 있도록 줄넘기를 베개 옆에 두고 잘 거예요.

나만의 용두용미 문장을 만들어 보세요

📖🔍 **중간에 힘들어진다면 어떻게 마음을 다잡을지 써 보세요.**

예) 힘들 때마다 10분만 더 해 보자고 스스로에게 말해줄 거예요.

📖🔍 **아래의 '용두용미' 문장을 완성해 보세요.**

나는 _____ 을 하기 위해

_____ 을 준비하고,

힘들 때는 _____ 을 할 거예요.

시작만 잘하는 것이 아니라 끝까지 열심히 해서
용두사미가 아닌 '용두용미'를 만들어 보겠습니다!

우리 고사성어 ⓖ

입이 있어도 할 말이 없음
유구무언 有口無言

● 이렇게 사용해요!

솔직히 어제는 숙제를 하기 귀찮아서 안 했어. 그래서 선생님이 왜 숙제를 안 해 왔냐고 물어보셨을 때 정말 '유구무언'이었지.

유구무언有口無言에 담긴 이야기

민지는 주말에 가족과 함께 보드게임을 했어요. 학교에서 놀이 활동으로 보드게임을 몇 번 할 때마다 항상 이겼던 민지는 자신만만했죠. 심지어 게임을 시작하고 처음에는 민지가 계속 이겼어요. 그런데 마지막 판에서 민지가 실수로 점수를 크게 잃어버렸어요. 결국 동생 민영이가 민지를 앞질러 1등이 되었어요.

민영 "언니, 그렇게 잘한다고 하더니 결국은 내가 이겼네!"
엄마 "우리 민지 완전 **유구무언**有口無言이네. 입은 있는데, 할 말이 없는 상황이지?"

민지는 처음에 너무 자신만만했던 것이 민망해서 웃을 수밖에 없었어요. 그래도 가족들과 웃으며 게임을 하니, 이기지 않아도 행복하다는 것을 깨닫게 됐어요.

자연 이야기 ⑯

입이 있지만 소리 내지 못하는 동물들

전기가오리

전기뱀장어

동물 중에는 입이 있어도 소리를 내지 못하는 동물이 있어요. 하지만 소리를 내지 못하는 동물은 다른 방법으로 서로 소통해요. 전기뱀장어나 전기가오리 같은 물고기는 전기를 만들어서 소통하죠. 전기를 이용해 짝을 찾거나 위험을 알리기도 하고, 먹이를 잡을 때는 아주 강한 전기를 내뿜어요.

물속에 사는 물고기들은 귀 대신 몸의 양 옆에 있는 '옆줄'이라는 기관으로 물속의 진동을 느끼거나, **부레***와 연결된 작은 뼈로 소리를 들을 수 있어요. 그래서 사람처럼 말을 하지 못해도, 자기들만의 방법으로 소리를 주고받으며 살아가요.

*부레 : 물고기의 몸 속에 있는 공기 주머니.

몸 색깔로 소통하는 동물들

오징어

쥐치

오징어는 몸의 색깔을 바꾸면서 의사소통해요. 주변 환경에 맞춰 몸 색깔을 바꾸거나, 몸 색깔을 바꾸면서 마음을 표현하죠. 특히 짝짓기할 때는 몸을 더 화려하게 바꾸어 자신을 알려요.

또, 쥐치라는 물고기가 있어요. 쥐치 무리의 대장은 다른 쥐치보다 더 진하고 어두운 갈색 몸을 가지고 있어요. 그 색깔 덕분에 다른 쥐치들이 "아, 저 친구가 대장이구나!" 하고 알 수 있답니다.

활동해 보기

나의 유구무언 경험 나누기

나의 유구무언 경험을 떠올려 보고, 말로 하는 대신 색깔로 표현한다면 어떤 색깔로 표현할지 써 보세요.

어떤 일이 있었나요?

나는 그때 어떤 기분이었나요?

그때 나의 기분을 색깔로 표현한다면, 어떤 색으로 표현하고 싶나요?

오징어를 색칠해 보세요

감정을 색깔로 표현하는 오징어처럼, 나의 유구무언 경험과 기분을 색으로 표현해 보세요.

우리 고사성어 ⑰

준비가 잘 되어 있으면 걱정이 없음
유비무환 有備無患

◉ 이렇게 사용해요!

지수는 비가 오든 오지 않든 항상 가방에 우산을 넣어 다니더라고. 그래서 갑자기 비가 내려도 언제나 걱정 없어. 정말 '유비무환'이야.

유비무환有備無患에 담긴 이야기

민서네 가족은 이번 주 금요일 저녁에 집에서 영화를 보기로 했어요. 금요일이 되기 전, 민서는 예전에 갑자기 정전이 되어 영화를 보지 못했던 일이 떠올랐어요. 그래서 이번에는 혹시 몰라 미리 손전등과 건전지를 준비하고, 핸드폰에도 손전등 앱을 깔아 두었어요.

금요일이 되어 가족들과 함께 영화를 보던 중, 갑자기 집 안 불이 꺼졌어요.

엄마 "어머, 또 정전인가 봐!"
아빠 "양초가 어디 있더라?"

그때 민서가 재빨리 손전등을 켜며 말했어요.

민서 "괜찮아요! 제가 미리 준비했어요!"

민서가 불빛을 비추자 모두 안심했어요. 아빠는 웃으며 말했어요.

아빠 "민서야, 정말 **유비무환**有備無患이구나. 미리 준비해 둔 덕분에 걱정할 게 하나도 없네."

미리미리 준비하는 동물

바우어새는 미리미리 준비하는 습관이 아주 뛰어난 새예요. 바우어새 수컷은 암컷에게 잘 보이려고 땅 위에 어린아이가 들어갈 만한 크기의 집을 지어요. 그리고 나뭇가지, 막대기, 알록달록한 열매 같은 것을 모아서 그 집을 멋지게 꾸미죠. 집이 완성되면, 바우어새 수컷은 크게 소리 내어 암컷을 불러요.

암컷은 집을 살펴보고 마음에 들면 수컷과 짝짓기를 해요. 만약 암컷이 그냥 가 버리면, 수컷은 다른 암컷을 맞이하기 위해 포기하지 않고 집을 다시 더 예쁘게 꾸며요. 바우어새는 종류가 20종 정도 되는데, 대부분의 바우어새 수컷이 이렇게 화려한 집을 짓는다고 해요.

비슷하지만 다른 겨울 준비

다람쥐

청설모

다람쥐는 겨울에 먹을 것이 없을 걸 대비해서 도토리를 땅속에 숨겨 두어요. 겨울잠을 자다가 배가 고프면 꺼내 먹고 다시 잠을 자지요. 다람쥐와 매우 비슷하게 생긴 청설모는 다람쥐처럼 땅속에 도토리를 숨겨 두기도 하지만, 다람쥐와 다르게 나무 위에 집을 짓고 살아요.

그리고 청설모는 털이 두꺼워서 겨울잠을 자지 않고도 추위를 이겨 내요. 이렇게 비슷한 듯 다른 다람쥐와 청설모도 똑같은 습관이 있어요. 바로, 숨겨 둔 먹이를 다 찾지 못한다는 거예요.

활동해 보기

겨울을 준비하는 방법 써 보기

🔍 빈칸을 채워 보세요!

다람쥐는 겨울을 대비해  를 모아 두어요.

청설모는 겨울잠을 자지 않고  을 길러서 추위를 대비해요.

나는 겨울에 감기에 걸리지 않기 위해 _____ 해야 해요.

> 예) 독감 예방 주사 맞기, 따뜻한 옷 챙겨 입기, 차가운 음식 많이 먹지 않기

🔍 계절을 준비하는 나만의 방법이 있다면 아래에 써 보세요.

> 예) 비가 자주 오는 여름에는 우산을 준비해요.
> 쌀쌀해지기 시작하는 가을에는 가벼운 외투를 준비해요.

숨은 도토리를 찾아 보세요

다람쥐와 청설모는 겨울을 나기 위해 도토리를 숨겨 두지만,
전부 다 찾지는 못한다고 해요.
아래 그림에서 다람쥐와 청설모가 놓친 도토리 5개를 찾아 보세요.

우리 고사성어 ⑱

한바탕 꿈 같은 인생의 허무함
일장춘몽 一場春夢

● **이렇게 사용해요!**

어제 꿈에서 시험 잘 봐서 상장까지 받았거든? 그런데 눈 떠 보니 현실은 숙제도 못했지 뭐야. 완전 '일장춘몽'이야.

일장춘몽一場春夢에 담긴 이야기

지우는 자기 전에 방 안에서 좋아하는 아이돌 영상을 보다가 잠이 들었어요. 그런데 꿈속에서 무대 위에 서 있는 건 지우가 좋아하는 아이돌이 아니라 바로 지우였어요. 반짝이는 조명이 켜지고, 수많은 팬이 환호성을 지르며 지우를 불렀지요.

"김지우! 김지우!"

지우는 팬들의 응원을 받으며 멋진 춤을 추고, 노래도 완벽하게 불렀어요. 무대가 끝나고 돌아가는 길엔 정성스러운 선물과 편지까지 받았죠. 지우는 가슴이 벅차서 눈물이 날 뻔했어요.

그 순간, 알람 소리가 울리며 눈이 번쩍 뜨였어요. 눈앞에는 반짝이는 무대가 아니라, 정리가 덜 된 책상이 보였어요. 지우는 허탈하게 웃으며 말했어요.

지우 "아휴…. 이게 바로 **일장춘몽**一場春夢이구나. 정말 멋진 꿈이었는데."

자연 이야기 ⑱

동물들도 꿈을 꿀까?

 나와 함께 사는 반려동물이 자다가 다리를 움찔거리거나 뒤척이는 모습을 본 적 있나요? 그 모습은 마치 꿈꾸는 것처럼 보여요. 사람은 잠을 잘 때 여러 단계를 거치는데요. 심리학 연구에 따르면, 개도 사람처럼 '램 수면'이라는 단계에서 꿈을 꾼다고 해요. 램 수면은 뇌가 깊이 잠자지 않고 깨어 움직이는 상태라서, 이때 꿈을 꾸게 되는 거예요. 포유류와 몇몇 새, 파충류도 이 단계를 거쳐요. 하지만 곤충이나 물고기는 그렇지 않아요.

 또 문어나 갑오징어 같은 연체동물은 자는 동안 몸 색깔이 변하는데, 이때 뇌가 움직이는 모양이 꿈꾸는 사람의 뇌 모양과 비슷하다고 해요. 어쩌면 이 동물들도 꿈꾸는 것일지 몰라요.

신기하게 자는 돌고래들

동물들은 잠자는 방법도 다 달라요. 그중에서도 참돌고래와 주먹코 돌고래는 신기한 방법으로 잠을 자요. 오른쪽과 왼쪽이 번갈아 잠드는 거예요. 오른쪽 뇌가 쉴 때는 왼쪽 뇌가 깨어 있고, 왼쪽 뇌가 쉴 때는 오른쪽 뇌가 깨어 있는 거죠. 그래서 잠을 자면서도 자신을 공격하러 오는 적을 살필 수 있어요.

인더스 돌고래는 세게 흐르는 강물에 떠내려가지 않으려고 한 번에 40~60초씩 짧게 자요. 그렇게 여러 번 짧게 잔 시간을 다 합치면 하루 동안 몇 시간을 자게 된답니다.

활동해 보기

꿈속 우주 여행하기

질문 내 꿈은 무엇인가요?

질문 꿈을 이루게 된다면, 가장 먼저 무엇을 하고 싶나요?

질문 꿈을 이루게 된다면, 그 꿈을 누구와 함께하고 싶나요?

질문 이제 곧 꿈에서 깨어나게 됩니다. 꿈을 이루기 위해 현실로 돌아가서 가장 먼저 해야 할 일이 무엇인가요?

우리 고사성어 ⑲

한 가지만 보고도 전체를 앎
일엽지추 一葉知秋

● 이렇게 사용해요!

성수가 어른들에게 인사하는 모습을 보니, 정말 '일엽지추'지 뭐야. 평소에 얼마나 예의바르게 지냈는지 다 알 것 같아.

일엽지추―葉知秋에 담긴 이야기

민서는 여름방학을 맞아 시골 할머니 집에 갔어요. 햇볕은 따갑게 내리쬐는데, 논바닥은 바삭바삭 갈라져 있었어요.

민서 "할머니, 논이 왜 이렇게 갈라졌어요? 흙이 다 부서진 것 같아요."

할머니 "올해는 비가 너무 조금 왔거든. 장마 기간도 짧아서 농사짓기가 어려웠단다. 나뭇잎 하나가 떨어지는 것만 보고도 가을이 오는 걸 알 수 있듯이, 작은 변화만 보아도 앞으로 어떤 일이 닥칠지 알 수 있는 법이지. 날씨가 달라지는 건 지구가 아프다는 신호란다."

민서는 고개를 끄덕였어요. 논바닥의 작은 금이 단순한 금이 아니라, 앞으로 우리 삶을 바꿀지도 모르는 큰 신호라는 생각이 들었어요. 그날 저녁, 민서는 스스로 다짐했어요.

민서 "앞으로는 전기를 아껴 쓰고, 일회용품도 줄여야겠다. 나도 지구를 위해 할 수 있는 걸 해 봐야지."

자연 이야기 ⑲

풀일까 나무일까?

가을이 되면 단풍과 함께 국화꽃도 활짝 피어나요. 국화는 가을에 꽃을 피우는 풀로, 줄기가 1미터(m) 가까이 자라기도 해요. 국화꽃은 작은 꽃들이 모여서 한 송이를 이루는데, 노란색, 흰색, 분홍색, 빨간색 등 다양한 색의 꽃이 있어요.

국화는 겨울이 되면 줄기가 말라 죽지만, 뿌리는 살아 있어서 다음 해에 다시 싹이 나와요. 그래서 국화는 나무가 아니라 여러 해를 사는 풀이에요. 요즘은 **재배*** 기술 덕분에 집에서도 국화를 나무처럼 키울 수 있기도 해요.

*재배 : 식물을 심어서 가꾸는 것.

풀처럼 보이지만 사실은 나무

국화와 비슷해서 '국화과'로 나누는 식물들은 대부분 나무가 아니라 풀이에요. 하지만 더위지기는 달라요. 겉모습은 풀처럼 보이지만, 사실은 작은 나무예요. 그래서 겨울에도 줄기에서 새싹이 나와 살아남을 수 있어요.

더위지기는 '관목'이라고도 불려요. 관목은 줄기와 가지가 분명하게 구분되지 않고, 키가 작은 나무를 부르는 말이에요. 더위지기의 풀은 몸에도 좋아서 약으로 써요. 어린잎을 말려 차로 마시기도 해요.

활동해 보기

작은 변화를 보고 큰 변화를 알아보기

아래의 표에 그려진 작은 것을 보고, 어떤 큰 변화가 생길지 글이나 그림으로 표현해 보세요.

나의 일엽지추를 써 보세요

나의 일상에서도 일엽지추의 변화를 만들어 보아요.
지금은 작은 변화이지만, 앞으로 큰 변화가 될 수 있는 일을 써 보세요.

작은 변화

예 매일 조금씩 공부하는 습관

큰 변화

예 시험에서 좋은 성적 얻기

우리 고사성어 ⑳

가장 중요한 마지막 부분을 완성하는 일
화룡점정 畫龍點睛

◐ 이렇게 사용해요!

지아야, 롤러코스터 아직 안 탔어? 놀이공원의 '화룡점정'은 롤러코스터지! 줄이 길다고 했으니까 얼른 가서 기다리자. 분명 재밌을 거야!

화룡점정畵龍點睛에 담긴 이야기

학예회를 앞두고 아린이네 반은 합창 공연을 준비했어요. 처음에는 음도 잘 맞지 않고, 무대 장식도 어색했지요. 하지만 노래를 잘하는 채진이가 친구들에게 노래를 가르쳐 주고, 그림을 잘 그리는 수성이는 소품을 만들어 와 무대를 꾸몄어요. 이렇게 친구들이 열심히 학예회를 준비하는 모습을 보고, 평소에 수줍음이 많던 연우도 용기를 내어 공연에 참여하게 됐어요. 연우는 목소리가 아름다워서, 합창곡의 마지막 마디를 혼자 부르기로 했어요.

드디어 학예회 날! 아이들의 합창은 하나의 목소리처럼 울려 퍼졌고, 무대도 예쁘게 장식되었어요. 마지막 순간, 연우가 혼자 노래를 부르자 관객들은 크게 감동했어요.

아린 "연우야, 네가 오늘 공연의 **화룡점정**畵龍點睛이야! 네 덕분에 공연이 더욱 빛났어."
연우 "내가 용기를 낼 수 있었던 건 우리 반 모두가 함께 열심히 준비했기 때문이야. 진짜 **화룡점정**畵龍點睛은 우리 반이 다 함께 힘을 모아 준비했다는 사실이야."

자연 이야기 ⑳

몸에 점이 있는 동물과 식물

무당벌레는 날개에 있는 무늬가 마치 무당이 입는 옷처럼 화려해 보여서 무당벌레라고 부르게 되었어요. 하지만 모든 무당벌레라고 다 빨간색 날개에 점무늬가 있는 건 아니에요. 어떤 무당벌레는 노란색이나 주황색이고, 점이 2개만 있는 것도 있고, 아예 점이 없는 것도 있어요.

무당벌레는 진딧물을 잡아먹어서 농사에 도움을 주지만, 이십팔점박이무당벌레는 오히려 오이나 토마토 같은 농작물을 갉아먹어 농사를 망치기도 해요. 날개에 있는 점이 짝수이거나, 털이 나 있다면 농작물을 먹는 무당벌레일 수 있으니 조심해야 해요.

점무늬가 있는 꽃

참나리

범부채

점무늬는 동물뿐만 아니라 꽃에도 있어요. 먼저 참나리라는 꽃이에요. 참나리는 여름에 산이나 들에서 볼 수 있는 꽃이에요. 노란빛이 도는 붉은 꽃잎에 검은 점무늬가 있어요. 꽃잎이 아래로 축 늘어져 달린 게 특징이에요.

또 다른 꽃은 범부채예요. 범부채도 여름에 피는데, 주황빛 꽃 위에 짙은 점무늬가 있어요. 들에서 자라기도 하고, 사람들이 직접 심어 기르기도 해요.

활동해 보기

화룡점정 완성하기

아래의 그림에서 화룡점정이 빠진 부분을 채워 보세요.

나의 화룡점정 다짐을 써 보세요

내가 하는 일에서 화룡점정을 만들기 위해 무엇이 필요한지 생각해 보세요.

요즘 나는 _____ 를 하고 있어요.

나에게 부족한 점은

_____ 이에요.

내 일을 완성시킬 화룡점정은

_____ 이에요.

📖 아래의 문장을 채워서 나의 화룡점정 다짐을 써 보세요.

나는 _____ 를 해서, 화룡점정을 이룰 거예요.

자연이 알려 주는 고사성어

발행일 2025년 12월 12일 초판 1쇄 발행 | **엮음** 국립생태원 | **그림** 이준엽
발행인 이창석 | **책임편집** 장지덕 | **편집** 황채은 | **원문구성** 아이핑크 | **진행·디자인** 소소한소통
사진 국립생태원(강동원, 김두환, 윤주덕), 국립산림과학원(유림), 국립생물자원관(현진오), 국립중앙박물관, 울진군청(권민철), 문영진, 위키미디어, Shutterstock
발행처 국립생태원 출판부 | **신고번호** 제458-2015-000002호(2015년 7월 17일)
주소 충남 서천군 마서면 금강로 1210 | www.nie.re.kr | **문의** 041-950-5999 | press@nie.re.kr

©국립생태원 National Institute of Ecology, 2025
ISBN 979-11-6698-727-4
ISBN 979-11-90518-20-8 (세트)

이 책에 실린 모든 글과 그림을 저작권자의 허락 없이 무단으로 사용하거나 복사하여 배포하는 것은 저작권을 침해하는 것입니다.